KAWADE
夢文庫

生ビール30分500円で飲み放題！が儲かるわけ

現代ビジネス研究班［編］

河出書房新社

驚きの連続！儲けのカラクリの最新事情!!◉はじめに

世の中では、30分500円で生ビール飲み放題の居酒屋が流行るいっぽう、1000円の高級海苔弁当がファンを獲得している。なぜなら、激安店でも儲かるからくり、高級食でもヒットする秘密があるからだ。

生ビール飲み放題はあくまで客を釣るための〝エサ〟であり、店はほかのところで儲けを考えている。高級海苔弁当は、店側が「日本人の舌」のニーズを考え、潜在的な市場を掘り起こした結晶といえるだろう。

食にかかわるビジネスは、いつの世も知恵とアイデアの世界だ。客の嗜好をいかに察知し、その先をいくか、それともあえて逆をいくか。それは、店と客の駆け引きであり、つねに活気と刺激に満ちている。

本書は、令和の時代に大きな変化を遂げた食ビジネスにまつわる「なぜ、その値段にできるのか？」「本当に利益は出ているのか？」など、驚きのしくみを解説する。誰もが気になっていた疑問の数々が一気に解決するはずだ。

現代ビジネス研究班

生ビール30分500円で飲み放題！が儲かるわけ／もくじ

1章——食のトレンド最前線には謎と不思議がいっぱい

驚きのビジネスが続々登場！

2章—お店が知られたくない儲けのしくみ

不況なのに元気な店の秘訣とは？

3章——お客の心をガッチリ！繁盛店の型破り戦略

どうやって財布の紐を緩めさせている？

4章——誰も教えてくれなかった値段のカラクリ

激安・高額商品にはヒミツがある！

5章——売れに売れたヒット商品。栄枯盛衰の舞台ウラ

なぜ売れて、なぜ廃れたのか？

カバー画像◉123RF
本文イラスト◉原田弘和
協力◉内藤博文

1章

驚きのビジネスが続々登場！

食のトレンド最前線には謎と不思議がいっぱい

なぜ、から揚げ店は爆発的に増えているのか?

いま、日本でいちばん増えている飲食店、それは街のから揚げ店である。2020年には、から揚げの売り上げが1000億円を超え、国民の人気食となっている。

日本でから揚げ店が爆発的に増えたのは、ひとつには消費増税がある。2019年10月、消費税は8パーセントから10パーセントへと引き上げられた。このときテイクアウトの食品にかんしては軽減税率が適用され、8パーセントに据え置かれた。

増税感から、食堂やレストランでは客足が遠のき、代わってテイクアウト店に人が吸い寄せられはじめた。から揚げは、テイクアウトのひとつの目玉だったのだ。

そこに、2020年春からはじまった新型コロナウイルス禍である。緊急事態宣言下、人は居酒屋にも行かなくなり、テイクアウトで済ませるように

街なかにから揚げ店が急増した理由

コンパクト

狭い立地でも開業でき、スタッフも最小限の人数で済む

シンプル

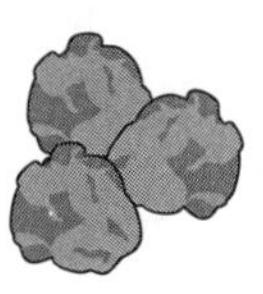

原材料が安く調達でき、誰でも調理できる

テイクアウト需要

外食を控え、自宅で食事を済ませる人が増加

なったから、から揚げ需要はますます高まっていったのだ。

さらに「から揚げ人気」をあと押ししたのは、韓国の影響もある。韓国にはじつに多くのチキン専門店があり、から揚げは日本以上に国民食となっている。

韓流ドラマを見れば、おいしそうにから揚げを食べている光景があるから、つい、自分も食べてみたくなる。から揚げ大国・韓国の味つけには日本以上のバリエーションもある。韓国の味つけを参考にしながら、新しい味のから揚げを提供したから、受けたのだ。

から揚げ店が急増したのは、簡単に

開業できる形態であることも大きい。小さなスペースがあればよく、スタッフも2人くらいで開業できる。必要なのはフライヤーと冷蔵庫くらいだから、開業資金も50万円から100万円程度あればいい。

しかも、鶏肉は牛肉や豚肉よりも安く調達できるから低コスト。10坪で月商500万円を売り上げた店もあるというから、から揚げ店を出店してみたくなるのだ。

から揚げ店が、駅の周辺に乱立するわけとは?

日本でから揚げ店の人気が爆発する前、2010年代の後半よりトレンドとなっていたのがタピオカ店だ。タピオカ入りドリンクを売る店が乱立し、とくに女性たちのあいだで大流行した。

タピオカ入りドリンクが人気を得たのは、そのおいしさに惹(ひ)かれたからだろう。これまで日本では、平成に入ってタピオカブームが二度ほどあり、日本人はタピオカの味がわかるようになってきた。

2010年代にはLCC（格安航空会社）の拡大によって、台湾旅行がさかんになり、台湾のタピオカ専門店が注目されるようになった。そして、タピオカ入りドリンクはインスタ映えすることもあって、大人気となったのだ。

日本でタピオカ店が雨後の筍のように現れたのは、から揚げ店と同じく開業資金が安いからでもある。店内に席をつくらなくていいから、10坪程度の店舗で十分だし、原材料も安い。タピオカ入りドリンクを1杯500円から600円で提供したとき、食材の原価は50円ちょっとくらいで済むのだ。

こうしてタピオカ店は一時、大ブレイクしたが、いまはから揚げ店人気に取って代わられたところがある。タピオカ店の跡地に、から揚げ店が登場する事例も少なくない。

そのから揚げ店やタピオカ店の特徴は、同一地域に密集するところだ。なぜかといえば、柳の下の2匹目、3匹目のドジョウを狙ってのことだ。

そもそも、から揚げ店やタピオカ店は駅の周辺や商店街など人通りの多い場所を狙って出店する。その地域で第一号となったから揚げ店が人気となり、大行列ができるようになれば、この店にあやかりたい、この行列客を自分の店に引きこみたい、奪いたいと考える者も出るだろう。

人気となっていたから揚げ店の近くに出店するなら、「今度はこっちの店に行ってみよう」という客も出てくる。こうして2店目にも大行列ができると、もう勢いは止まらない。同じ地域に3店目、4店目のから揚げ店が登場し、密集地帯と化していく。それは噂となって広がり、さらに「行ってみよう」という客も現れ、ますます人気となるのだ。

ただ、から揚げ店の場合、タピオカ店とは異なる出店傾向もある。から揚げ店は、スーパーマーケットやドラッグストアの近くに出店するケースが多いのだ。

一般に、スーパーの近くの飲食店は流行りにくいといわれる。客がスーパーに行くのは、おもに夕刻以降だ。夕刻にスーパーで買い物をした人が、スーパー近辺の飲食店で外食はしないだろう。スーパーで買った食材や総菜を家で食べるからだ。

では、飲食店がランチを提供する時間帯はどうだろうか。昼どきにスーパーに行く人は、弁当購入が目当てという人が多い。当然、近辺の飲食店は素通りすることになる。

ただ、テイクアウトのから揚げ店となると違ってくる。スーパーで昼の弁当や夕食の材料を買った客がから揚げ店を見かければ、「弁当のおかずにもう一品」「夕食のおかずの一品に、ここのから揚げがいいかな」とも考える。

こうして昼食や夕食のおかずの一品としてテイクアウトが利用されるから、から揚げ店はスーパーの近くにも立地したがるのだ。

無人の餃子販売店、セキュリティは本当に大丈夫？

最近、街なかでよく見かけるのが無人餃子店だ。ちょっとした店舗内に冷凍庫が設置されており、冷凍餃子が売られている。

買い方は、いたってシンプル。冷凍庫を開けて餃子を取り出し、代金は店内にある料金箱のなかに現金で入ればＯＫだ。

似たようなチェーン店がいくつかあるが、代金はたいがい２パックで１０００円。つまり１０００円札を料金箱のなかに入れればＯＫだが、料金箱と

無人餃子店のビジネスモデル

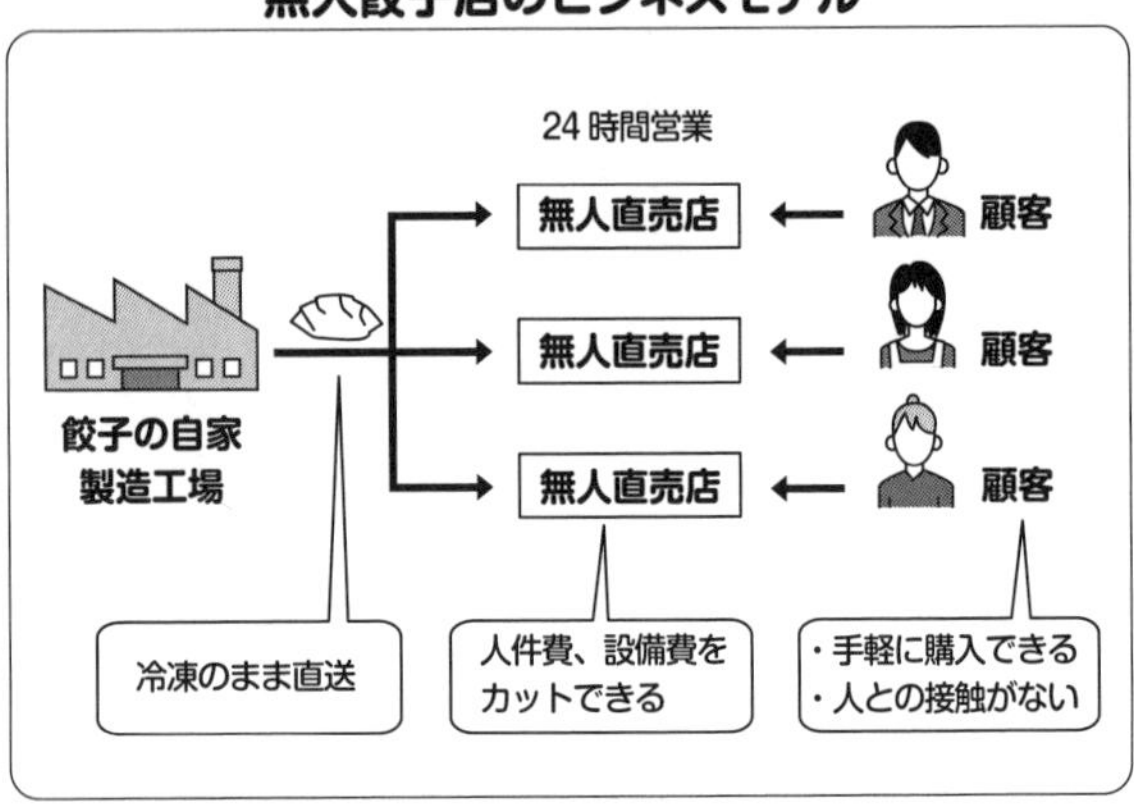

いっても「ただの箱」なのでお釣りは出ない。

店内に両替機もないので、1000円札がなければあきらめるしかない。もちろん、5000円札を入れて2パック×5セットを買ってもいい。

そんな無人餃子店が急速に増えている。大手チェーンの「餃子の雪松」は2019年7月に無人販売をはじめ、2022年2月には360店を超えるほどに拡大した。

そこには、無人なので「人を雇う必要がない」「コンロや水回りなどの設備が不要」といった出店のしやすさがある。またコロナ禍にあって、他人との接触をなるべく避けたいという人に好まれる傾向もあるようだ。

ただ、ここで気になるのが無人ゆえのリスクだ。ひとつは万引。なにしろ店内は無人で誰も見張っていない。冷凍庫を開けて餃子をカバンに入れ、そのまま店を出ても咎める者はいない。防犯カメラは設置されているが、帽子やサングラス、マスクなどで顔を隠せば、人物の特定は難しい。

悪気はなくても、うっかりミスもある。3000円分買ったのに、勘違いして2000円しか払わなかった、2000円で売られているタレを無料だと勘違いして、持ち帰った……そんな人だって、時にはいるだろう。

さらに怖いのが、現金泥棒だ。料金箱は固定され、警報アラームもついているものの、鎖などでつながれているわけではない。その気になれば、誰でも簡単に持ち出せる。何万円も入った箱が盗まれかねないのだ。

とはいえ、無人餃子店が急速に増えている現状を考えると、そうした気づかいは不要のようだ。そこには日本ならではの特殊性があると思われる。

日本は世界一の〝自動販売機大国〟といわれる。無人の自動販売機には、小銭がたくさん入っている。こんな〝箱〟が街なかに放置されていたら、海外ではすぐに強奪（ごうだつ）されてしまう。

ところが日本では、そんな不心得者（ふこころえ）はほとんどいない。たとえ見張っている者がいなくても、こうしたものに手をつけてはいけないという良識があるのだ。

無人餃子店にしても、そのビジネスモデルは飲食店というよりも自動販売機に近い。万引や料金箱の強奪がまったくゼロということはないだろうが、無人の経済合理性を考えるなら、許容できる範囲に収まるのだろう。

かりに人を雇って餃子を売れば、人件費だけで1人一日1万円くらいはかかる。たとえ、万引する不届き者が現れようとも、間違って少なく料金を払った人がいたとしても、毎日1万円の損失が出ることはないだろう。そうならば、無人店で十分である。そうした考えに立っているから、無人餃子店は成り立っているのだ。

多少のリスクはあったとしても、それを補（おぎな）って余りある利益が得られているのだ。

「冷凍食品の自販機」が街なかに急増した背景は？

冷凍餃子店と同様に、いま急速に増えているのが冷凍自動販売機だ。個人経営の店のみならず、牛丼の「松屋」や長崎ちゃんぽんの「リンガーハット」といった大手チェーンも冷凍自販機ビジネスに参入しており、東京メトロ南北線の飯田橋駅には、全国各地の名店のラーメンを売る自販機まで登場している。

冷凍自販機が増えてきているのは、新型コロナウイルスの流行によってである。外食を避け、自宅やオフィスで食事をするとなったとき、冷凍食品は手軽だ。しかも、自販機ならいつでも買うことができる。

さらに大きいのは、冷凍自動販売機そのものの進化だ。いま多く見られる冷凍自販機を開発したのは、東京の「サンデン・リテールシステム」という自販機メーカーである。

同社の冷凍自販機「ど冷(ひ)えもん」は画期的だった。「ど冷えもん」のなか

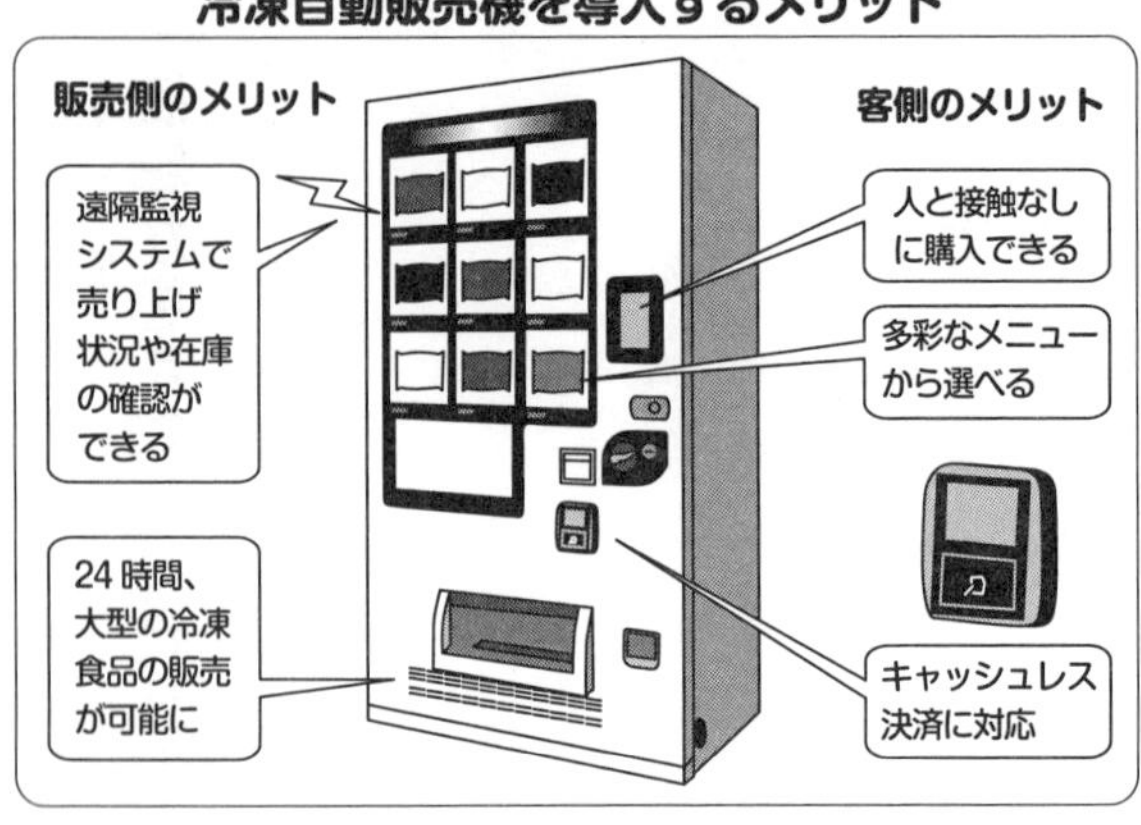

には4種類の棚があり、その組み合わせによって、これまでは置けなかった大型の冷凍食品を置けるようになったのである。

「ど冷えもん」が、キャッシュレス決済に対応していることも大きいだろう。飲料の自販機と違い、冷凍食品の自販機はラーメンやカレーなどを扱っているから、当然、決済金額も大きくなる。

紙幣や硬貨を何枚も投入することを面倒くさがる客もいれば、そもそも現金を持たない客もいる。「ど冷えもん」は、こうした人たちまでも引き寄せることができるのだ。

なぜ、高級食パンは値段が高くても売れたのか？

令和になって日本各地に急増したのは、高級食パン店である。ふつうの食パンよりも甘味があり、フカフカしている食パンが大受けしたのだ。

たいてい2斤（きん）800円程度だが、2斤で1000円を超える高級食パン店も登場しており、大都市圏にとどまらず、地方都市にも出店している。

ふつうのパン屋さんで食パンを買うなら、1斤で100円から200円程度だろう。高級食パンは、それよりも3〜10倍も高い。それでも大いに売れたのは、けっして手が出ないわけでもない価格という絶妙な〝高級感〟もさることながら、「プチ贅沢感」があったからだろう。

これは、デパートの地下食品売り場などで売られる、おにぎり専門店のおにぎりの人気と共通する。

平成になって、昭和のデパートにはなかった「おにぎり専門店」が登場した。コンビニエンスストアの100円おにぎりよりも高めの値段設定とはいえ、具が詰まっていて、米自体もおいしいところから人気となり、その人気は定番化した。

おにぎりといえば、日本人にとって日常の食べ物だが、じつはコンビニのおにぎりが登場するまでは、お弁当の定番メニューではあるものの、日常の食べ物としては、けっして定番とはいえなかった。

しかし、コンビニおにぎりの登場によって、おにぎりは日常的に食べるおいしい食になった。デパートで売られる高級おにぎりは、その日常食のプチ高級版として人気を得たのだ。

そして、食パンもまた、日本人が日常食化した食べ物だ。食パンのルーツは、イギリスやフランスだが、じつはフランス人はほとんど食パンを食べない。ドイツやイタリアでもそうだし、イギリス人も好んで食パンを食べるわけではない。パンなら、バケットなどほかの選択肢がいくらでもあるからだ。

けれども、日本人はことのほか食パンを好んだ。いまでこそバゲット類も人気だが、米食で育ってきた日本人には、バゲットのような堅いパンよりも食パンのほうがなじみやすかったのだ。

しかも、昭和の戦後の日本人は甘味に飢えていた。ヨーロッパの食パンが水と塩だけで練られるのと異なり、日本では牛乳やバター、マーガリンを混ぜて練っているから、食パンに甘味がある。これも、日本人を大いに満足させたのだ。

高級食パンは、日本の食パン固有の柔らかさと甘味という2点をより深化させた。いわば、日常食のプチ高級版であり、これが人気の秘密となったのだ。さすがに令和も時代が進むと、高級食パン市場も頭打ちとなっているが、その成功の秘密はつぎなるヒット食品のヒントにもなるだろう。

なぜ、サーモンは回転寿司で人気トップの座を獲得できた？

近年、寿司店の新たな主役に躍(おど)り出たのが、サーモンである。ふつうのサーモンのみならず、トロサーモンといったところも人気で、いまやマグロと並ぶ存在になりつつある。回転寿司店では、すでにマグロを抜いてナンバーワンになっている。

そのサーモン、かつては日本の寿司店のメニューにはなかった。日本人は古くからサケを食べており、サケの塩焼きはお弁当の定番としておなじみだ。

それでも、昭和の寿司店でサーモンを出すことはなかった。天然のサケには、アニサキスなどの寄生虫がいる。だから、刺身好きの日本人であってもサーモンの生食を避けて、かならず火を通してから食べていたのだ。

けれども、平成になると寿司店でも生サーモンを提供するようになり、これが人気となった。天然の生サーモンには寄生虫の危険があるのだが、養殖サーモンなら、寄生虫がいないことがわかったからだ。

サーモン寿司が日本に定着するようになったのは、ノルウェー政府の努力も大きい。ノルウェー政府が国策として、自国の養殖サーモンを日本に売りこんだのだ。

１９８０年代、日本経済は無敵の状態にあった。世界第2位の経済大国として、アメリカを凌（しの）ぐかと思われるほどだった。その豊かな日本を市場として目をつけたのが、ノルウェー政府だった。

ノルウェーには複雑な海岸線を有するフィヨルドがあり、魚の養殖に向い

サケとサーモンの違い

サケ	サーモン
=天然もののサケ	=養殖もののサケ
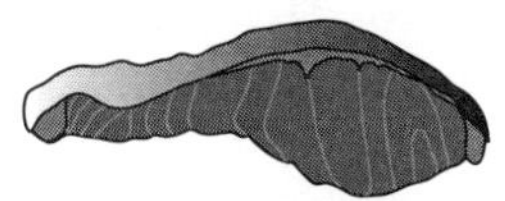	
天然なので、アニサキスなどの寄生虫が身のなかにいる	養殖なので、アニサキスなどの寄生虫がいない
↓	↓
生で食べるのは危険	**生で食べても問題なし**（ただし、原則として一度冷凍する）

ている。ここでアトランティック・サーモン（タイセイヨウサケ）を養殖し、国外に輸出しようとしたとき、日本市場を有力視したのだ。

なにしろ、日本経済は豊かなうえ、当時は世界でも突出した魚食大国であった。しかも、独得の寿司の文化がある。寄生虫の心配がない養殖アトランティック・サーモンの寿司なら、金持ちの日本人が喜んで食べるだろうと見たのだ。

じっさいには紆余曲折があり、ノルウェーの首相みずからが日本の回転寿司店でサーモン寿司を握ってみせるといったパフォーマンスもあって、ノルウェー産アトランティック・サーモンは日本に定着していったのだ。

サーモンの寿司が日本人に大歓迎されたのは、日本人の味覚の変化も一因となっている。昭和、平成と通じて日本の食は洋風化し、日本人は脂の味を覚えた。だから、マグロのトロが大人気となったのだが、これと同じ理由で脂ののったサーモン寿司に客は吸い寄せられていったのだ。

もうひとつ、回転寿司店でサーモン寿司をこれまでにない食べ方で楽しめるようになったことも大きいだろう。「炙りサーモン寿司」がその典型だし、チーズサーモン寿司、アボカドサーモン寿司などもある。サーモンの脂に、さらに濃い味を加えた寿司が、いまどきの日本人に刺さったのだ。

サーモン寿司は、回転寿司店の重要な儲け頭にもなっている。養殖サーモンなら、通年で手に入れることができ、調達も簡単だ。時化や時季に左右されることなく、安定的に大量に仕入れられるから、予算も組みやすい。

しかも、少々鮮度が落ちたサーモンでも、チーズサーモン寿司やマヨネーズサーモン寿司といった、味の濃いメニューにすることでおいしく食べられる。徹底して使い切れるから、原価を抑えられるのだ。

高級寿司店がサーモンを握らない納得の理由とは?

養殖サーモンは回転寿司店の主役になったが、高級寿司店では扱っていないケースが少なくない。

高級店がサーモンを扱わないのは、ひとつには江戸前の伝統を守るためだという。東京湾で獲れる江戸前の魚にサーモンはない。多くの高級寿司店は「江戸前」を看板にしているから、伝統を守りたい高級店はサーモンを拒否するのだ。

さらにいえば、高級寿司店の場合、養殖サーモンに頼らずともいろいろな種類の国内の天然魚をふんだんにそろえることができる。

選りすぐりのマグロやブリは当然として、カツオ、シマアジ、サワラ、アラ、クエ、イシダイ、キンメダイ、カワハギ、ホウボウ、サヨリ、タチウオ、イサキ、ノドグロ、アマダイ、シンコなど、全国の名産地から、その時季の旬の魚を選び抜いている。

そのなかには、回転寿司店があまり扱わない魚も少なくない。旬の魚が輝いているとき、最高の状態で客に出せば、そこには脂の魅力とはまた別の世界さえも広がる。高級店は、その品ぞろえのなかに養殖のサーモンを割りこませる意義をさほど見出せないのだ。

さらに、サーモンには回転寿司店やスーパーマーケットの目玉商品という〝色〟がつきすぎた。回転寿司店やスーパーとの差別化を考えるなら、高級店がわざわざサーモンを扱う必要はないのだ。

回転寿司店がサーモンをメニューの主力とするのは、多くの客を集めることで経営を成り立たせているからだ。天然の魚の仕入れには、時季や天候により、どうしてもムラができてしまう。入荷されるはずのものが入荷されないことだってある。その点、養殖のサーモンなら、安定して大量に仕入れることができる。

いっぽう、高級寿司店が毎日相手にしている客は、多くてもひと晩十数人ほどだろう。天然もので十分調達できるから、養殖のサーモンに頼る必然はないのだ。

これが、中級の寿司店ともなると、養殖のノルウェー産サーモンを握ってみせる店も現れている。客が「ノルウェー産サーモンを食べたい」と言うなら、そのリクエストに応えるのもビジネスであるからだ。中級店には、さほど「江戸前」にこだわりがなく、伝統から自由な店もあるのだ。

今後のサーモンと高級寿司店の関係を見るなら、国産の格別に個性のあるサーモンがブランド化すれば、高級店もサーモンをメニューに入れるようになるかもしれない。

回転寿司のサーモンがマスであっても許される事情

人気のサーモンだが、店によってはそのサーモンがサケではなく、マスであったというケースがある。回転寿司のサーモンは、じつは多くが「トラウト」というマス系の魚だという。これが「トラウトサーモン」という造語で、「サーモン」として流通しているのだ。

日本の店がいうところの「トラウト」とは、その多くがもとは淡水にあったニジマスである。このニジマスを海で養殖したものがトラウトで、ノルウエー産のアトランティック・サーモンよりも安いから、多くの回転寿司店ではトラウトをサーモンとして扱っているのだ。

ただ、この回転寿司店の商法には、さして異論が出ない。サケもマスも「サケ目サケ科」の魚である。同じ仲間であるから、サーモンだともいえる。と同時に、日本人のなかでサケとマスがごっちゃになっているからだ。

一般に日本人が古くからいうところのサケとは「シロザケ」のことだった。サケ＝シロザケであり、日本人はシロザケを英語の「サーモン」と対応させた。マスも同様に英語の「トラウト」と対応させた。

ただしその後、サケやマスの研究が進んだことでいろいろな種類があると判明し、グローバル化も進んだ。研究とグルーバル化が進むにつれて、サケ、マス、サーモン、トラウトの区分があいまいになっていった。

日本ではひところ、海産はサケ、淡水産はマス、大きいのはサケ、小さいのはマスといった大まかな分け方をしてきた。

その区分さえも、いまでは通じなくなってしまった。日本人のいうところ

マスやサケの和名と一般的な名称の違い

標準和名		一般的な名称・業界用語
サクラマス	＝	ホンマス、マス
カラフトマス	＝	アオマス、ピンク・サーモン
マスノスケ	＝	キング・サーモン
タイセイヨウサケ	＝	アトランティック・サーモン
ニジマス	＝	トラウトサーモン、スチールヘッドなど
シロザケ	＝	シロサケ、アキサケ、アキアジ、トキサケ、トキシラズ、チャム・サーモン
ベニザケ	＝	サッカイ・サーモン
ギンザケ	＝	シルバー・サーモン

の「マスノスケ」は「マス」を名乗りながらも、英語では「キング・サーモン」だ。「カラフトマス」も、世界では「サーモン」として扱われている。

このように、サケとマスの厳格な区別がつきにくくなったから、回転寿司店でトラウトをサーモンとして出していても文句は出ないのだ。

現在、国内のスーパーマーケットや回転寿司店で出ている多くのサーモンは、チリ産の養殖のニジマスであることが多い。

チリ産の養殖ニジマスの価格は安いから、ノルウェー産サーモンを使うよりも儲けがいいのだ。

ノドグロはなぜ、「ブランド魚」に出世できた？

近年、大きく〝出世〟した、つまり高値になった魚にノドグロがある。島根県出身のテニスプレーヤーの錦織圭(にしこりけい)選手が「日本に帰ったら、ノドグロが食べたい」とコメントしたところから、ノドグロ人気に火が点(つ)いた。以後、一定の大きさ以上のノドグロには、これまでに考えられなかったほどの高値がつき、ブランド魚となったのだ。

ノドグロは確かに昔から高級魚だったが、ブランド魚というわけでもなかった。島根県の隣の鳥取県では、いまも「年越し魚（年取り魚）」「正月魚」として、正月に欠かせない魚となっている。正月魚は高いとはいっても、ひところまで誰もが手を出せる価格だった。つまり、ノドグロの価値はタイやブリ程度か、それ以下でしかなかったのだ。

昭和の時代、新潟県出身の田中角栄元首相もノドグロを好んだという。錦織選手がノドグロを有名にしたように、立志伝中の人物の好物として人気が集まってもよさそうなものだが、田中の存命中にノドグロ人気が高まることはなかった。

では、なぜ平成の半ばから令和にかけて人気が上昇したのかというと、その脂に秘密がある。

ノドグロは、じつに多くの脂を含んでいる白身魚である。煮つけにすれば、その煮汁に脂が浮いていることがよくわかるし、煮汁そのものもおいしい。刺身や寿司で食べても脂を実感できる。淡泊さを魅力とする他の白身魚にはない脂が、現代の日本人に受けたのだ。

すでに述べたように、日本人の味覚は脂好きに変わっている。田中角栄の時代の日本人は、そこまで脂の魅力に取りつかれていなかったが、錦織選手の時代の日本人は脂大好きだ。その脂好きが、ノドグロを押し上げたのだ。

格安ワインセットで稼ぐネットショップの戦略とは?

新型コロナウイルス禍によって「家飲み」がさかんになったこともあって、

ネットショッピングでワインがよく売れている。

「世界のワイン6本5000円」「イタリアワイン6本1万8000円」「ボルドーワイン5本2万円」など、さまざまなワインショップから、セット商品が送料無料で提供されている。

なかでも人気なのが、数千円台の格安ワインセットだ。たとえば、ワイン6本5000円、しかも送料無料となれば、ワイン1本あたりの価格は800円以下になる。コンビニエンスストアで売られているワインでも、1本800円前後のクラスはそうはない。

店による説明書きを見ると、「ふだんは1200円で売っているワインを特別に750円で」「1300円のワインを850円まで引き下げて」などと書いてある。そのうえで価格を均(なら)して、1本800円以下で売っているというのだ。

そんなに安売りして、はたして商売が成り立つのかと不思議に思えるが、じつは、店側はしっかり儲けているのだ。

そのカラクリは「もともとの仕入れ値が安い」こと。とくに自社直輸入の

格安ワインセットが利益を生むカラクリ

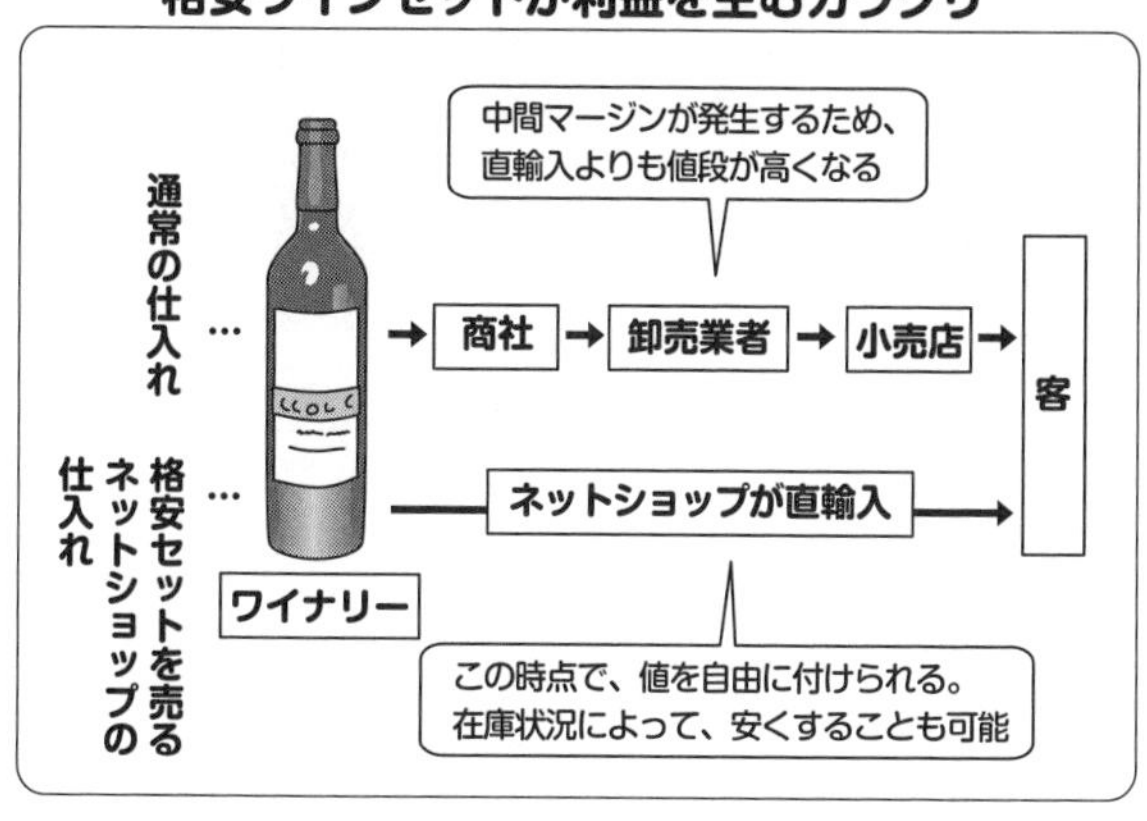

ワインなら、商社を通さないから自由に値を付けられる。

たとえば、800円で売っても十分に利益が上がるワインをふだんは1200円で売り、セット商品では「特別に」800円にする。もともと800円で十分ペイできているのだから、どちらにしても店側に確実に儲けが生まれるわけだ。

また、店にとってワインセットは、在庫を一掃するために便利な商品でもある。ワインは世界各地で毎年造られ、日本に送られてくる。店側は新しいヴィンテージのワインが届く前に在庫をさばかねばならない。そこで、6

本5000円といったお得感のあるセットをつくり、在庫を減らす努力をしているのだ。

ワインセットを、客の興味を広げるための販促のひとつと位置づけている店もある。世界にはさまざまなタイプのおいしいワインがあるのに、日本人にはそれをあまり知らない人も少なくない。そこで店側は、お得なセットのなかに、売りこみたい、ぜひ飲んでもらいたいワインを入れることで、客の視野を広げようとしているのだ。

客がワインセットのなかの1本を飲んで、「こんなにうまいドイツの赤ワインがあるなんて知らなかった！」と思ってくれたらどうだろう。「ロワールの白ワインって、こんなにおいしかったの？」と感動してくれたらどうだろうか。

客はその店のドイツワイン、ロワールのワインを買ってくれるようになる。さらに新たな世界を知りたくなり、その店のほかのワインセットを買ってくれるかもしれない。このように、ワインセットは自分の店を贔屓（ひいき）にしてもらうためのツールでもあるのだ。

そうやってワイン好きになった客のために、店によってはワインセットを8本にしたり、あるいは10本、11本にしたりしている。セットを段ボール箱いっぱいになる12本にするのが常道だろうが、わざと隙間(すきま)ができるようにしているのだ。

ワインへの関心が高くなった客なら、どうせ送料はタダなのだからと、好みのワインをさらに数本クリックしてくれる。これまた、店側の儲けになるわけだ。

送料無料の3本セット、6本セットがあるのも、その延長線上にある。客に店のワインを、セットとは別に何本も買ってもらおうという戦略なのだ。

高級ワインしか扱わない店は本当に儲かっている？

ワインを売るネットショップのなかには、安くていいワインを売る店があるいっぽう、1本3000円以下のワインをほとんど扱わない店も多い。

多くは5000円以上、数万円するワインも数多く並べている。高価なワインばかりをそろえて商売が成り立つのかというと、彼らもしっかりと稼いでいるのだ。

じつは、世界各国と比較したとき、日本では1本1万円や2万円といった高めのワインがよく売れるのだ。

日本のワイン市場は世界とくらべて未熟で小さいとよくいわれる。確かに輸入量でいうと、世界でもトップ10に届くか届かないかという程度だ。けれども、輸入金額となると、日本は世界で5位に届こうかという位置になる。つまり、日本では高いワインがよく飲まれているのだ。

日本へのワイン輸出国を見ると、量でならフランス、チリ、スペインがトップ3にある。しかし、輸出額で見るなら、フランスが圧倒的なシェアを占めている。これが何を意味するかというと、フランスのシャンパン（シャンパーニュ）、高級ボルドーワイン、そしてブルゴーニュワインがよく日本に輸出されているということだ。

シャンパンでいうなら、日本はアメリカ、イギリスに次ぐ世界で3番目の輸入国であり、ブルゴーニュワインにかんしても同様に世界第3位の輸入国だ。いまは中国の高級ワイン輸入も増え、日本を抜こうとしているが、それでも日本は世界屈指(くっし)の高級ワイン市場なのだ。

シャンパンやブルゴーニュワインは、高価なことで知られる。どちらも3000円前後ならかなり安いほう。ブルゴーニュワインともなると、中級品でも1万円超えは常識だ。そんなシャンパンやブルゴーニュワインが日本でよく売れるから、高級ワインをよく扱うショップが儲かり、現実にそんな店が増えているのだ。

日本のワイン店がシャンパンとブルゴーニュワインを扱いたがるのは、ここが穴場でもあるからだ。大手シャンパンメーカーや有名なボルドーワインを造るシャトーは「企業体」のようなものだ。だから評判が上がると、そこに価格を大きく上乗せしてくる。

ただ、そのいっぽうでブルゴーニュやシャンパーニュ地方には、いまだ無名ながら、よい酒質のシャンパン、ワインを造る人たちが少なくないのだ。

彼らの多くは素朴な農民であり、家族経営であり、「企業体」ではない。信頼関係があればよいから、その時代に適したごく穏当(おんとう)な価格で、日本の仲(なか)

卸(おろし)にも売ってくれる。彼らのシャンパンやワインならそんなに高くなく、モノによっては1万円を切りもする。

こうした素朴な実力者のシャンパンやワインは、品質がいいから、日本のファンも大喜びで買う。新たなよい造り手を発掘することで、日本のワイン店はファンを引き寄せつづけ、儲けてもいるのだ。

飲み物無料のラウンジを設ける中級ビジネスホテルの狙いは?

近年、中級ビジネスホテルではラウンジを設け、そこで提供する飲み物を無料にしているところがある。

メニューはマシンで淹(い)れるコーヒーや紅茶、オレンジジュースといったところで、夕刻になるとワインまで無料でふるまうところもある。時には、簡単なおつまみや、夜食サービスにお茶漬けまで提供している。

こんな出血サービスをして、経営は大丈夫なのかと思う客もいるだろうが、ホテル側には成算がある。ほかのホテルにはない魅力を生み出すことで、少しだけ客単価を上げることができるからだ。

　もともと、ラウンジサービスは高級ホテル、それも超高級ホテルの得意とするものだった。

　とくに超高級ホテルのラウンジでは、すべてが無料である。夕刻まではティータイムがあり、ソフトドリンクやスイーツ、さらにはシャンパンまで用意しているラウンジもある。

　夕刻からはアルコールタイムとなり、ワインやビール、ウイスキーなどのアルコールとともに、簡単な食事も用意される。高級ホテルでも、その格によって異なるが、手軽なカナッペやサラダばかりか、温かい肉料理や魚料理、パスタ、スープを供するラウンジもある。だから、ここで夕食を済ませることも可能だ。

　朝には朝食が無料で準備してあり、ホテルのふつうの朝食よりも豪華な素材が提供されることもある。

　高級ホテルのラウンジを利用できるのは、ラウンジに出入りできるフロアの部屋に宿泊した客のみだ。ラウンジ付きの宿泊は、ふつうに宿泊するよりも数万円は高いから客数も絞られ、客数が少ないからこそ、ラウンジはゆったりとした空間になる。この高付加価値サービスで、高級ホテルはお金持ちの客を通常よりも高い宿泊料金で泊まらせ、儲けているのだ。

この高級ホテルの発想を取り入れたのが、中級ビジネスホテルだ。中級ビジネスホテルの競争は激しい。一部のホテルは、宿泊者なら誰でも利用できるラウンジを置くことで競争に勝ち、さらには客単価を上げようとしているのだ。

中級ビジネスホテルのラウンジサービスが比較的安値で成り立つのは、朝食会場をそのままラウンジにすればいいからだ。中級ビジネスホテルでは、ホテル内に朝から夜まで営業するレストランを入れずに、朝食のみを提供する朝食会場を用意しているところが多い。

朝食会場は、朝以外は使われることがないいっぽう、コーヒーを淹れるマシンもあれば、朝食用のソフトドリンク置き場もある。これをそのままラウンジ用にすればいいのだから、特別なことを何もしなくていい。

もちろん、飲み物のコストはかかるが、ラウンジを売りに宿泊料金を少し上げることができるから、負担にはならない。

夕刻にワインを提供するのも、夜食にお茶漬けを提供するのも同じことだ。中級ビジネスホテルがラウンジで提供するワインは、その味から推察するに、市販価格1本500円程度のものが多い。お茶漬けだって、そんなにコストはかからないし、朝食時に余ったご飯を使うこともできる。

中級ビジネスホテルは、「ラウンジがあるから」と客が来てくれるなら、しめたものなのだ。

ビジネスホテルの「朝食無料サービス」が増えた理由は？

ビジネスホテルに宿泊すると、朝食無料というケースが多々ある。無料でなくても、朝食付きのリーズナブルなパッケージもある。500円から1000円程度の追加料金で、豪華なビュッフェ・スタイル方式の朝食を楽しめるのだ。

メニューも卵料理にハム・ベーコンは当たり前。焼き魚、から揚げ、カレー、パスタ、うどん、焼きそば、スイーツなど、品数を充実させて勝負している。

ビジネスホテルが無料の朝食の充実に力を注ぐのは「弱者の戦略」からだ。ビジネスホテルは宿泊料の安さが取り柄だとはいえ、部屋の広さやサービスは、高級ホテルとくらべるとどうしても見劣りする。宿泊客は「今度はもうちょっと高めのホテルにしようかな」と思いながら、チェックアウトすることもあるだろう。

けれども、人には「終わりよければ、すべてよし」という意識が働きやすい。宿泊の終わりに食べる朝食が無料であったり、少しの追加料金で充実したメニューになれば、「終わりよければ、すべてよし」となりやすいのだ。得した気分でチェックアウトできるから、「また、このホテルに泊まってもいいかな。今度の出張では系列のホテルに泊まってみよう」と思い、リピーターになってくれたりもする。

朝食は、ホテル側が裁量できる数少ないソフトでもある。部屋や備品の充実にはかなりの費用がかかるが、朝食なら1食あたりの原価は300円程度。300円程度なら、タダにしてもそれほどのダメージはない。逆に原価

朝食を無料にするメリット

を700〜800円にしたとしても、豪華なメニューをホテルの特色にできる可能性があるし、パッケージ化して安めに設定することもできる。

こうして一部のビジネスホテルが朝食を売りにしはじめると、ホテル間で「朝食競争」も起きてくる。海鮮丼やタイ茶漬けといった海鮮系の朝食を売りにするホテルも登場する。海鮮系を投入するには500円程度のコストアップが必要だが、人気獲得のためなら投じるホテルもあるのだ。

朝食を「弱者の戦略」としているのは、日本のホテルのみにとどまらない。世界各国で、ビジネスパーソンの多いホテルは朝食を売りにしている。

たとえば、イタリアのミラノの場合、ドゥオモ周辺、モンテ・ナポレオーネ通りあたりの人気観光地にあるホテルは、朝食を高い値段で提供している。いっぽう、風光明媚とはいいがたい中央駅前のビジネスパーソン向けホテルの場合は、少なからぬホテルが朝食を無料で提供している。生搾りのオレンジジュースやハム、スクランブルエッグは定番であり、時には米料理も提供し、宿泊客を喜ばせている。

パリのホテルとなると、そのほとんどが朝食を有料にしている。パリのホテルには「弱者の戦略」は必要ない。世界的な人気観光地だからこそ、できることである。

ひそかに人気を集める日本のストレートジュース市場

日本のホテルの朝食と欧米のホテルの朝食には、ひとつの決定的な違いがあるといわれる。オレンジジュースが濃縮果汁還元か、あるいはストレートジュースかの違いだ。

欧米のホテルでは、2人で1泊1万円程度のホテルでも、朝食には生のオレンジを搾ったフレッシュなストレートオレンジジュースを出す。フランスやイタリアのホテルには、オレンジの生搾りマシンを置いているところもある。客がオレンジを3〜4個マシンに投入するだけで、生搾りオレンジジュースができあがる。

いっぽう、朝食に生搾りオレンジジュースを出す日本のホテルは、ひと握りだ。ほとんどのホテルが、市販の濃縮還元のオレンジジュースを出している。生搾りのジュースを提供しているのは一部の高級ホテルくらいだ。

日本のホテルが朝食に生搾りオレンジジュースを提供しないのは、コスト削減のためである。生搾りのオレンジジュースは多くのオレンジを必要とし、仕入れ価格がバカにならないから、安価な濃縮還元オレンジジュースを使いつづけているのだ。

そこには、日本のホテル朝食事情も絡(から)んでいる。日本のホテルの朝食は、ヨーロッパのホテルの朝食よりも、ずっとバラエティに富(と)んでいる。宿泊客がバラエティに富んだ朝食を求めるからだ。

ヨーロッパのホテルの場合、メニューは基本的にパンやハム、ソーセージ類、卵料理、チーズ、シリアル、ヨーグルトぐらい。高級ホテルでも、これに豆の煮込みや焼きトマト、ニシンの酢漬け、サーモン、生野菜などが加わるくらいで、和食や中華料理まで出すわけではない。だからこそ、生搾りオレンジジュースが提供できるともいえる。

日本のホテルの朝食の場合、和洋どちらも提供する必要がある。「朝食は和食」「朝食は洋食」と宿泊客の好みが分かれるからだ。パン、ハム、卵料理、果物、ヨーグルトなどを出すいっぽうで、ご飯、お粥、焼き魚、野菜の煮物、納豆、豆腐、海苔、味噌汁、漬物なども用意しなければならない。

ホテルによっては、カレーやうどん、焼きそば、巻き寿司までも提供するから、豊富な種類の朝食メニューにコストを割かれる。しかたなく、オレンジジュースは濃縮還元で済ませるしかないという事情がある。

ただ、近年、日本人のオレンジジュースに対する見方が少しずつ変わりはじめている。高価なストレートジュースを好む人が増えているのだ。

確かに、一般のスーパーマーケットで売られているオレンジジュースは、ほとんどが濃縮還元だ。しかし、高級スーパーではストレートのオレンジジュースを置いている。なにより、ネットショップでストレートジュースがよく売られているのだ。

店舗によっては、みかん、夏みかん、甘夏みかん、はっさく、いよかん、なつみ、きよみなど多くの種類のストレートジュースを売っている。それも1本720ミリリットルで1000円を超える価格だ。

日本でストレートジュースの市場が形成されはじめているのは、日本人がストレートジュースのおいしさを知ったからだ。平成の初めころまで、日本人は濃縮還元のオレンジジュースしか知らなかった。

けれども、日本人が日常的に海外旅行を楽しむようになると、濃縮還元ジュースは「常識」でないことを知る。欧米のホテルの朝食で生搾りのストレートジュースを体験し、その生の味わいに驚く。

そうして生搾りオレンジジュースに目覚めた日本人は、スーパーの濃縮還元ジュースに我慢できなくなったのだ。たとえ高くても、おいしいジュースを飲みたいという日本人が現れ、ストレートジュース市場が人気を得るようになったのである。

なぜ、アサリやシジミの産地偽装はなくならないのか？

２０２２年初頭に大きな話題となったのが、熊本県の業者によるアサリの産地偽装である。国外産アサリをロンダリングして、熊本県産アサリとして大量に流通させていたのだ。

熊本県産アサリは、２０１５～19年の年間漁獲量が最大で７３０トン、最小で２０７トンである。にもかかわらず、大阪の中央卸売3市場だけで、年間１０００トン以上の「熊本県産アサリ」を扱っていたという。

熊本県では多くの業者がアサリの偽装に手を染めていたとされるが、じつは貝の産地偽装は今日にはじまったことではない。宮城県の業者が、国外産のカキを宮城県産カキと偽（いつわ）って流通させていた事件もあれば、山口県下関の業者が島根県宍道湖（しんじこ）産と称するシジミを全国に流通させていたこともある。

じっさいは、韓国産、北朝鮮産、中国産ではないかといわれる。

貝の産地偽装が絶えないのは、ひとつには国内資源が枯渇しがちだからだ。たとえばアサリの場合、かつては全国的に獲れていた。１９６０年代には年間10万トン台の漁獲があり、１９８０年代半ばまで国産アサリは日本の市場に溢れていた。

けれども、１９８０年代半ばから減少がはじまり、２０２０年にはわずか４４００トンにまで減ってしまった。いまや国内産アサリは、全盛期の20分の１以下の漁獲に落ちこんでいる。しかたなく、日本の市場は中国や韓国などの国外産アサリに頼りはじめたのだ。

日本の卸売業者にとって、国外産アサリは儲けのタネでもあった。国産アサリよりもはるかに安く調達でき、これを国内産と称すれば、いままでの価格で売ることができたのだ。これにより、儲けの幅はぐんと大きくなる。

なぜ、国外産を国内産と称することができたのかといえば、日本の法律が関係している。

日本の法律では、もっとも蓄養期間の長かった地域を「原産地」として表示できる。だから、国外産アサリであっても、長い期間、熊本県の砂浜に置かれたなら、そのアサリは熊本県産を名乗れるのだ。

このルールがなし崩しに業者にとって都合のよいように変更され、熊本県の砂浜に置かれる時間はほんの短期間でありながら、熊本県産アサリとして売る業者が現れたのだ。

もうひとつ、日本人が国外産の貝類に拒絶反応を示しやすいということがある。そこから、業者のあいだで偽装が常習化していくことになったのだ。

この偽装傾向をひそかに助長していたのが、じつは学校給食である。学校給食の場合、国産の食材を納入業者に求めるが、なにしろ大量だから、状況によっては国産食材のみでは応じきれないところがある。

シジミを例にすると、学校給食がシジミをメニューに入れたがるのは、えてして冬である。「寒シジミ」がおいしいという巷間の説があるからだ。

ところが、冬のシジミは湖底深くに潜っており、ベテランの漁師でも獲るのが難しくなるから、漁獲高は激減する。しかも、かなりの高値で流通するから、給食の指定納入業者は量、価格双方の面で学校給食の求めに応じられない。とある百万都市の中央卸売市場関係者によると、やむなく中国産のシジミを国内産と偽って学校給食に大量に納入しているケースがあるという。暖かい中国でなら、冬場でも大量のシジミが獲れるのだ。

そもそも、シジミの旬は初夏である。「寒シジミ」は、スーパーマーケットの宣伝戦略のひとつでしかない。冬に時化がつづくと、スーパーの魚介コーナーに置く魚介が乏しくなる。そこでスーパーが目をつけたのが、シジミだったのだ。

シジミの漁獲高がいかに冬場に落ちこむといっても、国内最大の産地・宍道湖は内海なので時化も少なく、冬でも一定量を確保することができる。スーパーは冬の魚介コーナーを維持する目玉のひとつとしてシジミを置き、これを「寒シジミ」として売り出したにすぎないのだ。

近い将来、アサリやシジミが気軽に食べられなくなるって?!

偽装が多いとされる貝類だが、今後、アサリやシジミにかんしては価格が高止まりしていくと思われる。というのも、国内・国外ともに漁獲高が安定しないと予想できるからだ。

国内にかんしていえば、アサリの場合、全盛時の20分の1以下の漁獲量に落ちこんでいる。アサリが棲息（せいそく）する砂浜が埋め立てられていった結果だ。日本国内にあって、アサリの漁獲がV字回復するのは難しいだろう。

しかも近年、初夏から秋にかけて毎年のように、局地的な豪雨が日本各地を襲っている。豪雨によって、河川の河口の砂浜に棲（す）むアサリやシジミが海に流されてしまえば、漁獲高はさらに減っていく。

日本各地には、夏場にシジミが獲れる小さな河川があり、集中豪雨によってそうした小さな産地が打撃を受けている。局地的な豪雨が今後もあることを考えれば、国内のアサリやシジミの漁獲はつねに危うい状況にあるのだ。

国外にかんしては、乱獲と棲息環境の悪化の問題がある。乱獲は国内のアサリやシジミを減少させた原因のひとつともされるが、同じことは国外でも起きており、すでに資源の大幅減少を招いてしまっている。

とくに、シジミの漁獲高減少は激しい。中国では最大の産地である太湖（たいこ）でシジミ資源が枯渇したため、政府が10年間の漁獲停止を命じたほどだ。韓国の湖沼(こしょう)でのシジミの減少もはなはだしく、日本に輸出される韓国産シジミが日本の国産シジミよりも高値で取引されているほどだ。

アサリの場合、まだ資源は枯渇していないようだが、日本で起きた現象はやがて中国や韓国でも起こりうるだろう。開発によってアサリの棲息しやすい砂浜が減少するなら、アサリの資源回復は期待できなくなる。

そうなったとき、新たな輸入先を見つけることができればいいが、そうでないなら、数の少なくなった国産アサリやシジミに頼ることになる。

いきおい、アサリやシジミの価格は高止まりするだろう。庶民的なイタリアンで、アサリがゴロゴロ入ったボンゴレを楽しめる日は、遠くないうちに消え去るかもしれない。

なぜ、ノルウェー産のサバは国産サバを駆逐してしまったのか?

日本人の食に欠かせなくなった魚のひとつに、ノルウェー産のサバがある。ノルウェー産サバは脂がのっているということは、すでに多くの日本人が知っている。

定食チェーンのメニューでもノルウェー産サバの塩焼きが人気だし、スーパーマーケットでも国産サバを差し置いて、ノルウェー産サバのほうを手にする客が多い。脂がのっているという一点で、広く支持されているのだ。

サバは日本近海でよく獲れる魚であり、漁獲高は国内のトップ3の一角にある。それなのに、日本市場に出回っているサバのおよそ半数はノルウェー産であり、塩焼き用のサバとなると、じつにそのおよそ8割がノルウェー産といわれるのだ。

脂がのっていない国産サバは、塩焼きでは勝ち目がなく、煮サバ、あるいは揚げ物にするなど味を濃くしてようやく対抗できるくらいだ。国産サバは、いまや輸出に回され、海外では缶詰の材料にもなっている。

だが、国産サバもかつては脂がのっていた。それがいつしか脂ののらないサバと見なされたのは、乱獲によってである。脂ののっていないサバを数多く獲るようになってしまったのだ。

じつのところ、サバにもおいしい旬がある。サバは春に産卵するため、秋から冬にかけて太り、脂も蓄えていく。この構造は、国産サバもノルウェー産サバも同じだ。旬のサバをくらべたとき、国産サバの脂の割合は、ノルウェー産サバよりわずかに少ない程度なのである。

問題は、そこから先である。ノルウェーでは秋から春にかけて、脂ののった旬のサバしか獲らないようにしている。それも、0~2歳までの小さなサバは獲らない。一定の大きさ以上の、脂ののった旬のサバのみを冷凍し、日本に輸出しているのだ。

いっぽう、日本の漁業は旬であろうとなかろうと、サバを獲りつづけてきた。まだ脂の少ない0~2歳の小さなサバまでも獲っている。これでは、国産サバの多くは、脂の乏しい状態で市場に送られることになる。だから、国産サバはノルウェー産に勝てなくなっているのだ。

日本の漁業が脂の乏しいサバまでも獲ってしまうのは、ひとつには需要があることを漁業関係者が知っているからだ。じつのところ、ノルウェーではサバを食べる習慣がない。だから、サバを無理に獲る必要はなく、旬のサバのみを日本への輸出に回すことができた。

そもそも1980年代、日本漁船がサバを乱獲したため、サバの数が減り、その穴埋めのために、ノルウェーからサバを輸入した経緯がある。日本では消費者がサバをつねに求めているという認識があるから、旬でないサバまでも獲りつづけてしまうのだ。

もちろん、漁業関係者にも危機意識はある。このままでは、国産サバは安値でしか取引されないようになるだろう。ならば、ノルウェーのように旬のときにのみ、サバを獲るようにすればいいのではないかという議論もある。

ただ、日本の漁業の世界では、ほかの漁師よりも少しでも多くの魚を獲りたいという意識が強すぎるきらいがある。

ある地域で旬のサバしか獲らないというルールをつくったとしても、他の海域で抜け駆けしている漁師がいるのではないかという疑心暗鬼が広がりやすく、ルール化そのものが難しい。

漁師の世界では、カネになる魚が安い、売れないという情報はすぐに回る。そのいっぽう、カネになる魚に高値がついたといった話は、誰にもしゃべらない。自分ひとりがその魚を獲って儲けたいからであり、他の漁師が儲かる魚を獲るのを嫌がるのだ。

そうした一部の漁師の意識もあって、日本では漁業のあり方を変えることができず、国産サバは安値をさまよっているのだ。

じつは輸出で儲けている日本のホタテ業者

新型コロナウイルス禍の２０２０年、ホタテの価格が落ちこんだ。というのも、中国への輸出量がガクンと落ちてしまったからだ。

ホタテは日本人もよく食べる貝だが、日本人以上にホタテを好むのが中国人だ。中国人は日本のホタテを求め、これにより北海道の漁業が成り立っていた側面さえある。

じつのところ、ホタテは日本の農林水産物の輸出額においてトップに位置するのだ。全国の水揚げ高ランキングトップ20に入る北海道の紋別（もんべつ）港、枝幸（えさし）港、常呂（ところ）港、東北の平内（ひらない）港では、最大水揚げ品目はホタテである。ホタテは北日本の漁業を支え、ホタテ漁の関係者は輸出によって食べていけたのである。

ただ、新型コロナウイルス禍で、中国の住人が家に籠もるようになると、ホタテの需要は激減してしまった。せっかく獲れたホタテが輸出できなくなり、だぶついてしまったおかげで、ホタテは安くなったのだ。

ただ、2021年になると、中国への輸出も増加しはじめ、ホタテの価格はもとに戻ろうとしている。

2章

不況なのに元気な店の秘訣とは?

お店が知られたくない儲けのしくみ

生ビール30分500円飲み放題で、なぜ儲かるのか？

日本では長くデフレがつづいた結果、「デフレ商法」が発達した。「30分500円で生ビール飲み放題」というのは、この商法のひとつの究極だろう。「生ビール1杯190円」で売る居酒屋もある。

生ビールは、原価の高い飲み物である。中ジョッキに入る生ビールの量は約340ミリリットル。生ビール20リットルの樽からはおよそ58杯の中ジョッキがとれる。20リットルを58杯で割るなら、中ジョッキ1杯の原価はおよそ163円程度となる。

ただ、現実にはもっと原価は高くなる。生ビールのサーバーは毎日洗わなければならないから、人手が要る。場合によっては、サーバーに残っている生ビールを捨てなければならないというロスもある。しかも、生ビールの最初の1杯をきれいに注ぐまでに、多くの泡を捨てなければならないから、ここにもロスがある。

そんな原価の高い生ビールだから、これを１杯１９０円で売る居酒屋なら、１杯あたりの儲けはわずかなもの。人件費まで入れれば、赤字だろう。
「30分５００円で生ビール飲み放題」の居酒屋なら、さらに赤字リスクが大きくなる。客が生ビールを中ジョッキ４杯分飲んだなら、６５０円以上の原価となり、赤字となってしまう。

けれども、「30分５００円で生ビール飲み放題」の店や「生ビール１杯１９０円」の店は、潰（つぶ）れない。それどころか大繁盛しているのだ。

その儲けの秘密は、お腹の膨（ふく）れやすいビールを〝見せ玉〟にしているところにある。確かに暑い夏なら、生ビール中ジョッキ１杯くらいなら飲み干すのはあっという間だ。２杯目もグビグビッとなるかもしれないが、３杯目となると、さすがにビールで胃袋がいっぱいになって、ペースはゆったりしたものになる。
「30分５００円で生ビール飲み放題」の店なら、多くの客は２杯程度で「もういいかな」となるだろうし、よほどのビール好きでないかぎり、３杯目くらいまでだろう。３杯なら原価は４８９円だから、わずかの儲けにもなる。

「30分500円で生ビール飲み放題」の店には、ほかにも儲けの仕掛けがある。たいていはセルフビールサーバーを卓上に設置し、客が自分でビールを注ぐことになる。店員が生ビールを注ぐのは手間だ。その手間を省力化でき、それは人件費の節約にもつながっているのだ。また、最初の1杯をきれいに注ぐまでの泡を捨てる作業も要らない。

さらに、このような店では、大盛りの麺料理をはじめ、お腹にたまる料理を売りにしているケースが少なくない。大盛りの麺料理をビールと一緒に楽しむなら、すぐにお腹がいっぱいになり、生ビールの消費量はそうは増えないというカラクリがある。

しかも、「30分500円」だから、客の回転率もいい。多くの客が「30分500円で生ビール飲み放題」を求めて来店しては、30分で去っていくから、じつに多くの客の入店と退店がくり返される。そのぶんだけ多くのつまみが売れていく。

遅い時刻になるほど、2軒目、3軒目という客もいる。すでに酔いもまわり、お腹もいっぱいに近いから、彼らはそうは飲まない。遅い時間帯になるほど、儲け率はよくなってくるのだ。

「飲み放題」が客と店でウィンウィンな理由

いまどきの安めの居酒屋といえば、少なからずが「飲み放題」である。コース料理に加えて、「90分1000円で飲み放題」「2時間1500円で飲み放題」など、ともかく「飲み放題」で客を引き寄せようとする。

すでに定番化したとはいえ、「飲み放題」が客にとって魅力的であることに変わりはない。なんとなくお得感があるし、予算もはっきりする。

「飲み放題」は、幹事にとってもじつにありがたい存在だ。「飲み放題」でない宴会の場合、完全なワリカンでは不公平感が出る。誰がどれだけ飲んだかを鑑み、よく飲んだ人からは多めに、まったく飲まなかった人からはアルコール代を取らないといった配慮が必要になる。けれども、飲み放題なら出席者一律、同一料金を徴収できるのだ。

このように、飲み放題は客にだけ都合がよく、店側は出血サービスのように見えるのだが、じつは客、店側ともにウィンウィンのシステムである。飲み放題の店でも、店はしっかり儲けられるのだ。

というのも、飲み放題のドリンク類の原価はそう高くないからだ。いちばん高いのは生ビールで、中ジョッキの原価が163円程度。日本酒やワインは銘柄によって原価が異なるが、高くても銚子やグラスで原価150円程度になる。

これが、酎ハイやサワーとなると、1杯の原価が20～60円とかなり安くなる。焼酎なら、ロックグラスでの原価は50円前後だ。

かりに1人が中ジョッキの生ビールを6杯飲んだとしても、原価1000円弱でトントンにしかならないかもしれない。ただ、最初にビールを飲んだ客が、ずっとビールを飲みつづけるとはかぎらない。

ほかにドリンクメニューがあれば、そちらにも目移りする。2杯目はサワー、3杯目はワイン、4杯目は日本酒、5杯目は焼酎となれば、原価は500円少しで済む計算になる。

加えて、若者にはサワーやカクテルが人気だ。彼らがサワーとカクテルで

お酒メニューの原価の違いが儲けの鍵になる！

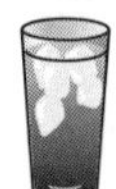

6杯飲んだとしても、原価はせいぜい300円程度で収まる計算になる。

それに、飲み放題であっても、全員が5杯も6杯も飲むことはない。なかには90分で10杯も飲む人もいるだろうが、たいていは2杯から5杯程度。飲まない客だって混じっている。均(なら)していくなら「飲み放題1000円」でも儲けが出るのだ。

飲み放題が店側にいいのは、原価率の問題だけではない。飲み放題は、店の回転率を上げてくれる。「90分飲み放題」なら、90分で客は店から去っていく。店側はその後の予約を取りやすいし、新たな来店客を期待できるのだ。

逆に「3時間飲み放題」という長めの飲み放題は、客にコース以外の料理を頼ませることが、儲けの仕掛けとなる。

コース料理が60分ちょっとで出尽くしたのち、アルコールのお代わりばかりでは、なんとなく味気ないし、手持ち無沙汰(ぶさた)になる。客がアルコールをおいしく飲むために新たな料理を追加してくれるなら、これが店の儲けともなるのだ。

もうひとつ、飲み放題が店側にとって都合がいいのは、通常のアルコール料金をやや高めに設定できるからだ。

たとえば、サワーの値段は、高いものだと1杯450〜500円あたり。原価の安さを考えれば、高めの設定だ。飲み放題でなしに、6杯も飲めば3000円近くにもなる。

「これは高い」と思う客でも、飲み放題なら格段に安く感じ、その飲み放題の店を良心的に感じてくれる。

飲み放題の店がアルコール料金をやや高く設定しておくなら、2軒目、3軒目のハシゴ客相手には、その料金でしっかり儲けを得られる。原価が50円程度のサワーなら、１杯で10倍くらいの儲けが出るのだ。

居酒屋が〝進化系レモンサワー〟に注力するのは、なぜ？

先にも紹介したように、居酒屋で大いに儲かるのは、ビールではなくサワー、酎ハイ、カクテルなどだ。原価50円前後だから、４００円で売っても原価率は10パーセント強で、よい利益になる。

ただ、多くの客がサワーや酎ハイを頼んでくれる保証はない。そこで店側は、客をサワーや酎ハイ、カクテルに誘導する必要がある。そのために、それらのメニューを増やしている。

定番のレモンサワー、ライムサワー、リンゴサワー、梅サワーだけでなく、イチゴサワーやパッションフルーツサワーといった珍しいサワーがあれば、客も「これ、飲んでみようかな」と思ってオーダーしてくれるものだ。

近年の流行（はや）りは、レモンサワーだ。そのレモンサワーだけでも、飽きさせないためにバリエーションを増やしている。生搾（しぼ）りレモンサワー、蜂蜜（はちみつ）レモンサワー、塩レモンサワー、パクチー入りレモンサワーなどといったラインアップを増やせば、多くの客を惹きつけることができる。

もちろん、生搾りレモンサワーを投入すれば、原価は高くなる。そのぶん少しだけ価格を高くして特別感を出す。お客はそのおいしさと特別感に浸りながら、そのいっぽうで財布の心配をして、ふつうのサワーに切り替えたなら、ここで大きな儲けが出てくる。

また、果物を冷凍し、氷代わりにするサワーも人気だ。このアイデアにより、生イチゴサワー、生パイナップルサワーなどが人気となった。凍っていた果物がグラスのなかで解凍していくと、〝ナマ感〟に溢れるうえ、最後はデザート代わりに果物を楽しめるのだ。

もちろん、生の果物を氷代わりにグラスに投入するから、原価は大きく上がり、サワーの値段は高くなる。生イチゴサワーの場合、その価格は800~1000円くらいもするが、店側にとっては大きな儲けにはならない。

そこで店側が用意しているのが、炭酸入りアルコールのお代わりだ。冷凍した果物はすぐには解凍せず、アルコールが空になっても、まだ凍った果物がグラスに残っていることが多い。

これをそのままにしておくのは惜しいということで、店側は炭酸入りアルコールのお代わりをすすめる。お代わりをするなら、果物を最後まで楽しめるから客も喜ぶ。店側は、原価の低い炭酸入りアルコールでがっちり儲けられるから、店側、客ともウィンウィンの関係になれるのだ。

銘酒を格安で飲ます「原価バー」がそれでも儲かる理由とは？

新たな飲食ビジネスとして、近年注目されているのが「原価バー」だ。店側は店内に置いているアルコールを原価で提供しており、客はリーズナブルな値段で飲めるから大喜びだ。しかも、多くの原価バーはフードメニューもわりと安めに設定しているから、客の満足度はさらに高くなる。

この原価バー、満足しているのは客ばかりではない。じつは、店側もしっかり稼いでいる。

原価バーが成り立つのは、バー側がお客から「入場料」を取っているから

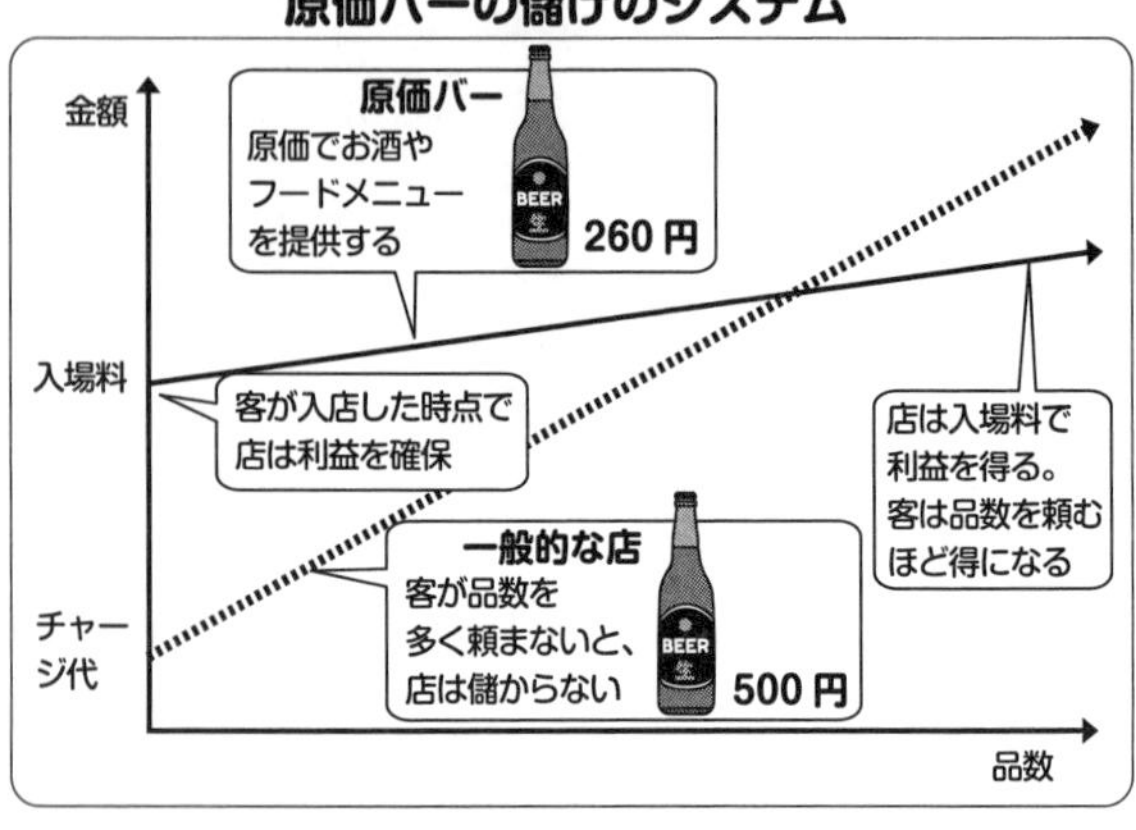

だ。店によって異なるが、入場料は最低でも1500円くらいからで、3000円くらいの入場料をもらい受けている店もある。

つまり、原価バーは入場料でしっかり利益を確保しているのだ。かりに原価1800円の日本酒720ミリリットルを、ふつうの店が2人のグループに提供するなら、3倍がけの5400円くらいとなる。店側の利益は、3600円だ。

原価バーが入場料として1人2000円を取るなら、店側は注文前にすでに利益4000円を確保していることになる。原価1800円の日本酒の注文が入っても、「原価バー」スタイルのほうが儲かっている計算になるのだ。

客が入店した時点で、すでに利益を確保しているから、店はフードの充実にも力を注ぐことができる。原価が高めのフードを他店よりも割安に提供している原価バーがあるのも、こうしたカラクリがあるからだ。

原価バーの発想は、バーのテーブルチャージ料はただの「場所代」であり、客側からすると納得がいかないところもあった。いっぽう、原価バーの「入場料」は原価でアルコールを楽しむための代金だと割り切ることができる。だから、原価バーは人気となっているのだ。

カレーチェーン店で価格競争が起きない理由は?

平成の時代、チェーン系の牛丼専門店でしばしば起きていたのは、価格競争だ。ほかのチェーンよりも安い牛丼を提供できるかが問われつづけ、チェーン同士の価格戦争は熾烈(しれつ)を極めた。

けれども、不思議なことにチェーン系のカレー専門店では価格競争は起きない。牛丼よりずっと高い価格のカレーに、客が文句をいうことはないのだ。

これは、「ＣｏＣｏ壱番屋（略称：ココイチ）」が圧倒的なシェアを獲得しているからだ。すでに１４００店以上を展開し、有名牛丼チェーンを上回る店舗数を誇っている。「ココイチ」に対抗できるほどのチェーン店が登場しないから、価格戦争も起こりようがないのだ。

さらにいえば、これから先も「ココイチ」に対抗できるほどのチェーン系のカレー専門店は誕生しにくい構造がある。ほとんどのカレー店の場合、どんなに人気があっても、多店舗展開には限界があるのだ。

たとえば、大阪のカレー店「インデアン」の場合だ。カレーにキャベツの酢漬けという組み合わせで知られ、その回転率は高い。「インデアン」の創業は１９４７年と「ココイチ」よりもずっと古く、大阪で人気がある。にもかかわらず、２０２２年の現在でも10店舗の展開にとどまっている。

カレー店の多店舗展開が難しいのは、カレー粉の調達に限界があるからだ。カレー粉の原料となっているのは、コショウ、カルダモン、コリアンダー、ナツメグ、ターメリックなどさまざまなスパイス。これらスパイスの安定的な確保は、よほどの経営規模の企業でないと無理なのだ。

これは、スパイスの有力産地に政情不安のある国が多いことが起因している。スパイスの産地は赤道周辺の熱帯国が多いが、これらの国では民族や部族の対立がしょっちゅうあり、中央政権の支配が地方まで行き渡らないことが多々ある。

たとえば、中南米の国グアテマラは、カルダモンの最大の産地であり世界の生産量の9割を占めている。ナツメグならインドネシアとインド、コリアンダーならインド、メキシコ、シリア、イランなどだ。

ここに挙げた国の多くは民族対立や部族対立があり、安定的にスパイスを調達するのは並大抵のことではない。よほどの資本と能力を持つ企業でないかぎり、現地の生産者とのパイプをつくるのは難しいのだ。

日本企業で産地と有力なパイプを持ちつづけているのは、ハウス食品やヱスビー食品など数社に限られる。ハウス食品やヱスビー食品はスパイス商社でもあり、こうしたスパイス商社から安定的に大量のカレー粉の供給を受けられることが約束されないかぎり、大型のカレーチェーンは成立しないのだ。

「ココイチ」の場合、もともとハウス食品と提携し、現在はハウス食品グループ本社の子会社である。ハウス食品から大量のカレー粉を安定して調達できることを前提としていたから、大型チェーン化が可能であったのだ。「ココイチ」に並ぶほどのカレーチェーンを展開したかったら、ハウス食品以外の数少ない大型スパイス会社と組むしかない。ただ、大手スパイス会社がそこに魅力を感じないかぎり、提携はしないだろう。

このように、新たな大型カレーチェーンが生まれにくい構造になっているから、カレーチェーンの価格競争も起きないのだ。

「デカ盛り」メニューを出す店の本当の狙いとは?

世の中には「デカ盛り」「メガ盛り」「テラ盛り」商法がある。カツ丼のデカ盛り、カレーのメガ盛り、ラーメンのテラ盛りなどだ。

これらの商法には、「30分で完食すればタダ」というサービスまである。タダどころか、賞金付きという店もある。

デカ盛りをメニューに入れる店の狙い

デカ盛りの原価は高い。多くは原価率7割を超え、原価10割以上の店もあるという。それでも、「デカ盛り」は外食ビジネスとして成り立っているのだ。

なぜなら、店側はデカ盛りを一種の宣伝として見ているからだ。SNSの発達で食の情報はすぐに拡散される。とくにデカ盛りはインスタ映(ば)えするだけに、興味を持たれやすい。

デカ盛りを提供している店は「気前のいい店」というよいイメージがつきやすくなり、その好イメージが拡散していくと、それまで来店したことのない人も「今度、行ってみよう」という気になるのだ。

しかも、すべての客がデカ盛りを注文するわけではない。たいていはデカ盛り以外の品を頼むから、デカ盛りしか売れずに出血サービスとなった、という話にはならないのだ。

「30分で完食すればタダ」「完食で賞金」も同じである。チャレンジした客のすべてが完食できるわけでもない。だから、店側は安心してデカ盛りを客寄せに使えるのだ。

急増中の「ワンコイン海鮮丼」。原価はどうなっている？

令和の時代になって続々と登場し、繁盛しているのがテイクアウトの激安海鮮丼店である。人気の魚介をてんこ盛りにした海鮮丼を、ワンコイン、あるいは600円から700円で提供しているから、大人気となったのだ。

テイクアウト専門の激安海鮮丼の原価率は高いといわれる。一般に外食産業は、原価率を30パーセント程度に抑えなければ儲からないとされるが、その常識を破るかのように、原価率50パーセントを上回るほどの店もある。高い原価率でも儲かるから、テイクアウト専門の激安海鮮丼店が次つぎに誕生しているのだ。

テイクアウトの激安海鮮丼がヒットしたのは、新型コロナウイルス禍のなかでテイクアウトが日常化したからでもあるが、ほかにも秘密がある。そもそも、海鮮丼そのものが、少ない手間とコストで済む「儲けやすい食べ物」なのだ。

それは寿司とくらべるとよくわかる。寿司を握るのは職人の手に委(ゆだ)ねるしかないが、海鮮丼の場合、魚を切って丼に並べればできあがりだ。白飯で提供する店なら、酢飯をつくるコストと手間もかからないから、ふつうの寿司店もマグロやタイ、ホタテなどをてんこ盛りにした海鮮丼を比較的安く出せる。3000円分相当の寿司のネタを2000円以下でも提供できるのだ。

テイクアウト専門の海鮮丼店なら、さらにコストをカットできる。たとえば回転寿司店の場合、まずは客が座る席が必要だ。寿司を握る機械や皿を流すレーンも必要になるし、お茶代だってバカにならない。

けれども、テイクアウト専門の海鮮丼店なら、客用のスペースもレーンも、客にお茶を出す必要もない。客が帰ったあとの片づけもしなくていいから、スタッフも2人くらいいれば十分だ。そのうえ、わずかの立地で出店できるから、開業費用も安くて済む。

これほどに食べ物以外のコストを削減できるのだから、テイクアウトの激安海鮮丼店は原価率を上げて、ネタの豪華化も図れるのだ。

高級レストランが仕掛ける「グラスワインのワナ」とは?

東京の高級フレンチやイタリアンとなると、いまどき2万円以上がザラだ。確かに、高いだけあって格別のおいしさがあるし、極上のサービスも受けられる。

食材もそれぞれの店にこだわりがあり、そこにフォアグラやトリュフなど高級素材も登場する。原価率が高そうだから、これで本当に儲けが出るのだろうか、と思ってしまう客もいるだろう。

高級レストランも儲けの術(すべ)を心得ている。店側は料理に相応のコストをかけるいっぽう、飲み物で儲けようとしているのだ。

高級レストランで供される多くのワインは、1本2万円近くからはじまっている。1本1万円程度のワインも用意されているとはいえ、リストを細かくめくらねば出てこない。

高級店の扱うワインは、たいてい仕入れ値の3倍程度とされる。客が2万円くらいのワインを飲んでくれるなら、1万円以上が店側の利益となる計算だ。料理人は何もせずともよく、スタッフが空になったグラスにワインをサービスする程度で、この儲けが出てくるのだ。

ただ、ボトルワインについては、敷居が高いという客も少なくない。そもそもワインをよく知らないという客もいれば、2人ではボトル1本は飲めそうにないという客もいる。料理によって、赤、白、スパークリングと種類を変えてみたいという客もいる。

そうした客のために、高級レストランが用意しているのがグラスワインだ。このグラスワインこそが、店側のさらなる儲けのポイントになっている。

高級レストランが提供するグラスワインは、たいていは1杯2000円以上からはじまる。なかには、5000円、6000円もするグラスワインもある。グラスワインにかんしては、仕入れ値の3倍以上を取っている店が少なくない。

少なからぬ客は、グラスワインならそんなに高くないだろうと思って、値段も入念に確かめることなく頼んでしまいがちだ。あるいはグラスワインのメニュー表を見せてもらっても、多くの客は「高いな」とは思いつつ、注文してしまう。せっかくのハレの場で、アルコールなしというのも華がない。グラスワインくらいなら奮発してもいいかと考えるものだ。

ウエイターによる、こなれたサービスも客の見栄をくすぐる。たいていの高級レストランでは、ウエイターが客から注文をとるとき、「食前酒はいかがいたしましょうか」「お飲み物はいかがいたしましょうか」などと伺いをたてる。

そう問われると、客は「水だけでいいです」とは返しにくい。「ケチ」と思われたくない見栄もある。つい「じゃあ、シャンパーニュをグラスで」とか「白ワインのグラスでいいのありますか?」などと頼んでしまうのだ。

高級店がグラスワインで儲けるしくみ

このとき、客が「シャンパーニュをください」といえば、店のほうはしめたものだ。高級店ではグラスシャンパーニュ1杯が、3000円前後からはじまる。ふつうのグラスワインより単価が高いから、売り上げも上がるのだ。

また近年では、高級店で「ミネラルウォーター」を頼むのが、ひとつの約束事のようになっている。

昭和の時代、多くの高級料理店でも水は無料だった。しかし、平成になり、多くの日本人が海外旅行に出かけるようになって、欧米の飲食店ではミネラルウォーターを注文するのがふつうであると知るようになった。とくに高級店ほどそうで、いまでは客のほうもミネラルウォーターを頼むのが作法のひとつだと心得はじめている。ウエイターも、たいてい「お水はいかがしましょう」と伺いを立ててくる。

そのミネラルウォーターも、高級レストランでは高い。有名なガス入りミネラルウォーター「ペリエ」でも1本1500円以上する。2000円を超えるミネラルウォーターもあり、高級店は「水」でも稼いでいるのだ。

以上が高級レストランの利益の秘密だが、もう少しアットホームなフレンチやイタリアンとなると、儲けの構造が異なってくる。このような店では、客も見栄を張らない。ワインもさほど飲まず、水だけでいいという客も少なくない。

飲み物での儲けがあまり期待できないとなると、店は料理そのもので儲けるしかない。そのため、3000円のコースでもしっかり利益を得られるように工夫している。原価率を下げつつ、しかも客に喜ばれるメニューを考えているのだ。

ただ、アルコールでの儲けに頼れない店の場合、客が限定されてしまうつらさがある。こだわりのワインリストがなく、ありきたりなワインをボトル1本5000円程度に設定していたのでは、食事とワインの両方を楽しみに来店した客は満足しないかもしれない。

こうした客はリピーターになりにくく、ワインがなくてもかまわないという客をがっちりつかむしかないのだ。

「食べ放題」ビジネスが成り立つのは、なぜ？

「飲み放題」と並んで人気があるのが、「食べ放題」だ。とくに「焼き肉食べ放題」には、お客が飛びつきやすい。

いくら安い輸入肉が日常的に手に入るようになったとはいえ、やはり焼き肉には〝プチ贅沢感〟がある。焼き肉店でなら、ロース1皿で最低でも1000円前後はする。そんな焼き肉が食べ放題なのだからお客は喜ぶが、店のほうは大丈夫なのだろうか。

じっさいのところ、焼き肉店も「食べ放題」で十分に稼いでいる。食べ放題を売りにしている店が仕入れる肉の原価は、全体を均して100グラム＝100円といったところ。豚トロとなると100グラムで250円もするいっぽう、100グラムで100円以下の肉も多い。

この程度の原価なら、「焼き肉食べ放題90分2000円」でも十分に成り立つし、「90分1500円」でも十分だ。そもそも、よほど大食いの人を除けば、400〜500グラムも肉を食べれば、たいていお腹いっぱいになって満足する。1人あたりの原価は500円程度だから、「食べ放題90分1500円」でも儲かる計算になる。

しかも、焼き肉食べ放題の店では、人件費を抑えることができる。セルフのビュッフェスタイルにすれば、客は肉や野菜を自分で取りに行き、自分で焼く。売り切れた食材の補充をのぞけば、ホールスタッフのおもな仕事は、後片づけと会計くらいのものだ。

さらに、店側も焼き肉以外の食を無料で提供することで、より儲けようとしている。焼き肉食べ放題の店では、ご飯はもちろんのこと、焼きそば、ラーメン、ウインナー、フライドポテト、寿司なども置いている。客は「なんて太っ腹な店なんだ！」と思うが、そこに店側の仕掛けがある。

ご飯にしろ、ラーメンにしろ、焼きそばにしろ、フライドポテトにしろ、原価は安い。焼き肉だけでは単調だからとご飯と一緒に食べるなら、お腹はすぐにいっぱいになり、肝心の肉の量は減っていく。ラーメン、焼きそば、フライドポテトも同じ理屈だ。

もうひとつ、焼き肉店の大きな仕掛けには「飲み放題」がある。焼き肉といえば、ビールやサワーが合うことをみな知っている。確かにビールと焼き肉の組み合わせは豪快さがあり、たとえば「1500円飲み放題」を追加した客は、ビールをゴクゴク飲みながら焼き肉を楽しむ。

だが、炭酸入りのビールやサワーもまた、胃に膨満感を与えやすい。ビールを大量に飲むほどに、気がつくと焼き肉を食べるペースは落ち、お腹いっぱいになっていく。もちろん、ビールを飲むペースもダウンする……このようなカラクリで、生ビールの原価が163円と高くても、焼き肉店は十分に儲けられるのだ。サワーなら、客が6杯飲んでも原価は300円程度だから、より利ざやは大きくなる。

このように、焼き肉にビールは客にとって鉄板の組み合わせだが、焼き肉店側にとっても儲けの鉄板の組み合わせとなっているのだ。

焼き肉店でなくとも、「食べ放題ビジネス」が成り立つのは同じカラクリからだ。たとえば、ランチバイキングを「60分1500円」で提供したとしても、十分にビジネスになる。

もちろん、店側はバイキングメニューを魅力的なものにしなければならないから、たとえば、目玉にステーキを置き、ほかに刺身や茶碗蒸し、シチュー、酢豚などを提供するなどして、ちょっとした贅沢感を演出する。原価率が多少高い料理もあれば、手のかかる料理もあるのだが、それでも店側は儲かるのだ。

その秘密は、バイキングの定番メニューにある。バイキングの定番といえば、チキンのから揚げ、生野菜サラダと炭水化物系だ。炭水化物系にはパスタ、焼きそば、チャーハン、お好み焼き、ピザ、巻き寿司、カレーライスなどがある。これらの原価はすべて低いうえ、多くの客にとっては好物だから、つい食べてしまう。

とくに炭水化物系は、店の利益に大きく貢献している。日本人はとかく炭水化物好きだ。そんな人がカレーライスやお好み焼きや焼きそば、ピザなどを最初から次つぎと口にすれば、お腹はすぐにいっぱいになる。

せっかくのバイキングなのに、最初からカレーライス、お好み焼きや巻き寿司に手を出している客は、気づかないうちに店側にうまく誘導され、店の利益に貢献しているといえるのだ。

「カニ食べ放題」の店はどうやって利益を出している?

焼き肉以上に「食べ放題」に価値がありそうなのが「カニ食べ放題」だ。近年、カニの価格は上がり、ズワイガニ1杯が1万円を超えることはざらだ。そんな高級魚介が、安ければ4000円くらいで「食べ放題」となっている。

もちろん「カニ食べ放題」も、焼き肉食べ放題や食べ放題ビュッフェと同じく、儲けを生み出せる構造になっている。ただし、「カニ食べ放題」のカラクリは、ほかの「食べ放題」とは少し異なる構造になっている。

ひとつには「カニ食べ放題」に投入されるカニは、「ワケありもの」が多いということ。まずは、大きなカニではなく、小さめのカニを使う。カニの価格は、ある一定の大きさを超えるとドンと上がる。価格が上がる前の小さなカニを使えばコストを抑えられるのだ。

さらに、脚の取れたカニなど、見てくれの悪いカニも使われる。生きたカニの脚は意外に外れやすい。それは鮮度やおいしさとは無関係だが、脚の外れたカニは、1杯まるごとお客に見せて調理する高級店は扱おうとしないし、贈答品にも使われない。そんな「ワケありカニ」なら、少し安めに調達できるのだ。

もうひとつ、店によってはズワイガニではなく、ベニズワイガニを使っている。一般にベニズワイガニはズワイガニよりずっと安い。水揚げの時点では味自体はズワイガニと変わらないが、水気が抜けるのが早く、翌日には身がパサパサになってしまうからだ。

そんなベニズワイガニは、水気が抜けてしまう前に冷凍されることが多い。こうして冷凍ベニズワイガニを食べ放題に投入するなら、原価を安くで

「カニ食べ放題」の店が儲かるしくみ

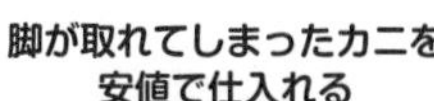

きるのだ。

また、「カニ食べ放題」の場合、客は思ったほどに大量のカニを食べられないという現実がある。カニを食べるのに時間を要するからだ。「カニ食べ放題」の店は客がみずからカニの身をほじくり出す。これに、かなりの時間がかかる。

カニを食べている時間は、たいてい客は無言になる。それほどに身をほじくるのに集中を余儀なくされ、この作業に時間をかけている。カニ食べ放題には制限時間があるから、多くの時間を奪われ、思ったほどの量を平らげることができないわけだ。

ここまでは「カニ食べ放題」独得のカラクリだが、そこから先はほかの食べ放題と共通の方程式が働く。「カニ食べ放題」の店では、カニのみならずほかのメニューも食べ放題にするケースが多い。

から揚げやたこ焼き、ピザなどを置いておくと、カニに飽きた客は、こうしたメニューに手を出す。いずれも原価が安く、お腹にたまりやすい食べ物ばかりだ。こうしてほかの食べ物に目移りさせることで、「カニ食べ放題」の店はしっかり利益を出しているのだ。

「詰め放題」ビジネスの成功の方程式とは?

「○○放題」ビジネスのひとつに、「詰め放題」がある。詰め放題は、スーパーマーケットが得意とするビジネス手法だ。

お客にビニール袋1つを500円くらいで買ってもらい、あとは商品を詰めてもらうだけ。ジャガイモにはじまり、ニンジン、タマネギ、ミカン、パン、クッキー、チョコレート、キャンデー、ソーセージなど、さまざまな食材が詰め放題のネタになっている。

この商法は、じつのところ「詰め放題」だけではさほど利益はあがらない。店によっては、ビニール袋を小さくするという手法で利益を確保しようとするところもあるが、客も然(さ)るもの。詰める前にビニール袋をできるだけ伸ばし、破れる寸前のギリギリのところまで詰めようとする。だから、多くの店は詰め放題で儲けようとは思っていない。

それでもスーパーがこの商法をつづけるのは、お客がついでに買い物をしてくれるからだ。それも、派手にお金を使ってくれると期待できるからだ。

まずは、「詰め放題」を開催することをチラシで告知する。日本人は「○○放題」という言葉にとにかく弱い。チラシの情報によって、客を店に吸い寄せるのだ。

「詰め放題」開催を知った客の多くは、心をときめかせ、いそいそとスーパーに向かい、詰め放題コーナーの前に立つ。そして、ビニール袋にこれでもかと詰めているあいだ、客は必死になり、興奮度合いも上がる。パンパンに膨(ふく)れ上がったビニール袋は、一種の戦利品だ。たいていの客は「もとは取った」「得をした」という気分に浸っている。

詰め放題に満足した客の多くは、そのまま店内で買い物することになるが、「もうすでに、この買い物はお得なものだった」という高揚感がある。ふだんは買わない値段の牛肉や、ちょっと高めのお酒を買ったりするから、店の売り上げはいつもよりも大きくなる。

詰め放題ビジネスは、「詰め放題」をエサに客を動かし、トータルで大きく儲ける手法なのだ。

1坪の店舗で利益を生み出すしくみとは?

先に紹介したテイクアウト専門の激安海鮮丼店は、「坪ビジネス」のひとつでもある。「坪ビジネス」とは、1〜3坪程度の狭いスペースに出店・開業し、儲けるという手法だ。

「坪ビジネス」の儲けの特徴は、粗利の高さである。なにしろ狭い場所で商売するのだから、家賃が安く済むし、設備も最低限のもので十分だ。

　確かにファミリーレストランやハンバーガーチェーンをはじめとした大店舗商法は、売り上げも大きいが、人件費、設備費などのコストも大きい。その点、小さなスペースではじめる「坪ビジネス」は人件費も設備費もグンと圧縮できるから、粗利が大きくなりやすいのだ。

　テイクアウト専門の激安海鮮丼の場合は原価率が高かったが、多くの「坪ビジネス」の場合、仕入れの原価率も下げる。その典型が、お好み焼き、たこ焼き、クレープなど「粉もの」系だ。

　粉もの系の店の場合、主原料は小麦粉だ。小麦粉は国際情勢の変動で値上がりすることもあるとはいえ、ある程度、一定の価格で仕入れることができるから、原価率を低くすることができる。

　しかも、小麦粉は保存が利く。冷蔵庫に入れずとも劣化することがないから、大量に仕入れてコストを下げることだってできる。

　さらに粉ものがいいのは、昼から夜まで売り上げを期待できること。昼には昼食用に、夜には酒の肴としての注文があるし、夕食前に小腹を満たしたいという客からの需要もあるのだ。

なぜ、ファミレスは1フロアで ハンバーガーチェーン店は2フロア？

多くの集客が見込める飲食店では、１フロアでは足りず、２フロア以上をもつところが少なくない。居酒屋ではビルの２階と３階が同じ店ということも珍しくないし、小料理屋でも１階は個人客、２階は団体客などと分けているところがある。

ところが、ファミリーレストランは別だ。フロアを２つに分けているところは、まずない。これは、ファミレスが基本的に客単価を低く設定しているからだ。２フロアにすれば、それだけ建設費が増える。厨房でつくった料理を移動させるエレベーターが必要になるし、フロアごとにトイレを設けることになれば設備費も増える。

客単価が低いファミレスの負担となっているのが人件費だ。フロアを増やすことで得られる利益と、経費が増えることでの損失では、損失のほうが大きい。

また、チェーン系のファミレスでは、スタッフのやりくりがしにくくなるという問題がある。ファミレスでは人手が足りないとき、近くの店舗のスタッフがヘルプに入ることがよくある。

ここで、ある店は1フロア、ある店は2フロアなどと店によってつくりが違うと、店舗間のスタッフのやりくりがしにくい。ふだん1フロアの店舗で働いているスタッフが2フロアの店舗に行くと、勝手が違い、まごつくことにもなる。

ファミレスは1フロアというだけでなく、厨房や客席の配置もほとんど同じだ。これもレイアウトを共通化してコストを削減すると同時に、スタッフが店舗間で移動したときなどにスムーズに動いてもらうためでもある。

ファミレスとは逆に、2フロアにすることが多いのがハンバーガーチェーンだ。広い面積を確保しにくい都会のビルだけでなく、敷地面積を広くとれそうな郊外型路面店でも2階建てになっているケースが多い。

1階にはメニューを注文するカウンターがあるだけ、あってもせいぜいカウンター席ぐらいだ。お客は商品を受け取ると別フロアに移動し、そこで食事をする。階段の上り下りを嫌うお客に避けられそうな気もするが、それを補って余りあるメリットが2フロア形式にはあるのだ。

ハンバーガーチェーンでは、どの席に座ろうかと商品を持ってウロウロする客が少なくない。混雑しているときはなおさらで、トレイを持って店内をキョロキョロ見渡す人があちこちにいたりもする。

ファミレスなら、店員が空いている席に案内してくれる。満席時なら「ただいま満席です」と教えてもくれる。どこに座るかは客任せのハンバーガーチェーンならではの光景ともいえる。

じつはこの光景が、店側にとって都合が悪い。席を見つけられずウロウロする客がいるとわかれば、これから入ろうとする人は「今日は混んでるからやめておこう」と引き返すかもしれない。

いっぽう、客席スペースが注文カウンターと別フロアにあれば、外からは混んでいるかどうかわからずに、客が入ってきてくれるというわけだ。

3章

どうやって財布の紐を緩めさせている?

お客の心をガッチリ!繁盛店の型破り戦略

コロナ禍でも右肩上がりのコーヒー店の秘密とは?

コロナ禍で多くの飲食店が苦しむなか、健闘している店もある。その典型が、名古屋発の全国コーヒーチェーンである「コメダ珈琲店」だろう。

コメダ珈琲店の特徴は、ゆったりとしたスペースである。それぞれのテーブルとのあいだには大きな仕切りがあるから、プライベート感もあり、落ち着いて過ごせる。こんな居心地(いごこち)のよいコーヒー店が、意外に少なかったこともあり、多くの客を集めるようになったのだ。

これまで、コーヒーチェーン店の多くは、多くの客を店内に呼びこみ、そして回転率を上げようとしてきた。そのため、客と客の間隔が狭(せば)まり、密になりやすい。コロナ禍の時代になると、客はそうした密な店を避けようとしはじめた。

いっぽう、コメダ珈琲店は1人あたりのスペースが大きく、〝密感〟があまりない。だから、コロナ時代でも安心な店として、客足が遠のくことがな

コメダ珈琲店に「居心地のよさ」を感じる理由

かったのだ。

しかも、コメダ珈琲店はおしゃべりしやすい空間ともなっている。多くの飲食店では「黙食（もくしょく）」がルールのようになり、カフェでもおしゃべりするのは目立ちすぎる。しかし、コメダ珈琲店はひとつのテーブルの空間が広いから、おしゃべりを楽しんでも、それほど目立つことがない。他者の目をさほど気にせず、気楽に会話できる空間がそこにはあったのだ。

とくに、コメダ珈琲店は高齢者やビジネスパーソンにとってありがたい店である。密なコーヒー店は、昭和の喫茶店を知る高齢者にとってはくつろぎにくい。そのおしゃれ感も敷居が高いものとなりがちだ。コメダ珈琲店は適度にレトロ感もあるから、高齢者にとって入りやすくもあるのだ。

ビジネスパーソンが打ち合わせをするときも同じだ。密感のあるコーヒー店では相手と自然と距離が近くなりすぎて疲れてしまうし、隣席のおしゃべりが邪魔になることもある。ゆったりしたスペースのコメダ珈琲店なら、じっくりと打ち合わせもできるのだ。

コメダ珈琲店は、けっして価格が安い店ではない。飲み物は500円前後であり、フードも500円以上はする。人気の「シロノワール」は、店によって異なるものの650円から700円台前半であり、飲み物と食べ物を一緒に頼むと1000円以上はする。密感のあるコーヒー店や、ファミリーレストランのランチよりも、ずっと高い。

それでもコメダ珈琲店に客が集まるのは、居心地のよさを求めてだ。居心地のよさは客を常連化させやすい。そんな常連客に長居されてもペイできるよう、コメダ珈琲店の客単価は高めに設定してあるのだ。

いま急成長中の「ゴースト・レストラン」って何？

このところ、飲食ビジネスでは「ゴースト・レストラン」が急増している。ゴースト・レストランとは、デリバリー専門の飲食店のこと。客席を持たないばかりか、店の看板がないこともある。アプリで注文を受け、客にデリバリーする。デリバリーを請けおうのは、ウーバーをはじめとするデリバリー会社だ。

その発祥は明らかではないが、アメリカか中国のどちらかだとされる。店舗も看板もなく、実体がほとんどないところから、「ゴースト・レストラン」の名がついた。

ゴースト・レストランが流行るようになったのは、狭い空間で、かつわずかの人数で商売が成り立つからだ。客の座席は必要なく、キッチンだけあればいい。それもから揚げ店、タピオカ店のように路面店として出店する必要もない。ビルの一角でも、そこにキッチンさえあればやっていけるのだ。しかも、客を集めるわけではないから、看板さえも要らないのだ。

　ゴースト・レストランでは、素材を仕入れて調理するだけでいい。客に届けるのはデリバリー・サービスがやってくれる。だから、たった1人でも開業できるのだ。

　立地とスタイルにかんしても、極端なことをいえば、食品衛生法にもとづき、自宅をリフォームしてゴースト・レストランを立ち上げることも可能だ。ある飲食店の休業日に間借りするケースもある。さらには、何人かの店主がキッチンのある1つの空間をシェアするスタイルもある。

　いっぽう、大型の開業スタイルもある。資金力のあるフードデリバリー会社が、ゴースト・レストラン事業に進出しているのだ。

　デリバリー会社が1つの場所にキッチンを設け、ここにゴースト・レストランの事業者を集めている。このスタイルなら、デリバリー会社はゴースト・レストランを1軒ずつ回って注文されたフードを集める手間が省(はぶ)ける。レストラン側にとっても、売り上げを上げる大きなチャンスになる。

　ゴースト・レストランには、専門店が多い。カレー、とんかつ、鰻(うなぎ)、オム

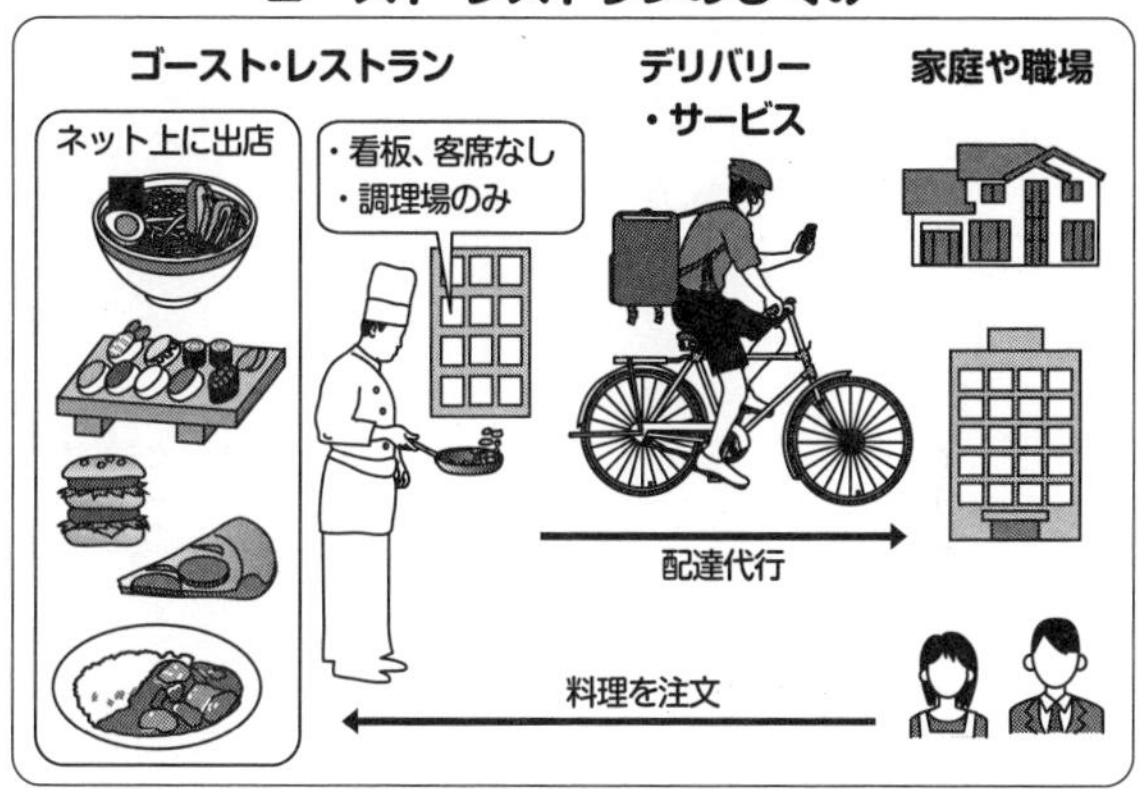

ライス、から揚げなどさまざまだが、じつは1人の調理人がすべてのメニューをつくっているというケースもある。そこには、それぞれ独立した店に見せかけることで、アプリを通して客との接触のチャンスを増やすという狙いがあるのだ。

ゴースト・レストランに将来性があるといわれるのは、デリバリーがさかんになってきたからだ。すぐれたデリバリーの仕組みがあるから、ゴースト・レストランは成り立つ。

日本はまだデリバリー市場の拡大の余地があるといわれ、進化の途上にあるといってもいい。

店内を「24時間ライブ配信」した弁当店の狙いとは？

近年、ある弁当店がインターネット上で話題になっている。メガ盛り弁当をはじめ、多くの弁当を店頭に数多く陳列している店なのだが、店内の様子を24時間ライブ配信し、利益を増やしたのだ。

なぜ、この配信が功を奏したかというと、ひとつには客が食べたい弁当が、いまあるかないかを確認できるようになったからだ。お目当ての弁当を買いにいったが、すでに売り切れてしまっていた……ということがない。

また、24時間のライブ配信によって、万引の数が減ったという。それまで調理に忙しい時間帯は店内の様子をつぶさに見ることができないこともあったようで、その隙(すき)に弁当を万引する者もいたという。

けれども、24時間ライブ配信をしているなら、視聴者がリアルタイムで店内の監視までしてくれる。まさに「誰が見ているかわからない」から、不届き者が減ったのだ。

さらには、クレーマーも減ったという。なにかと理由をつけて「安くしろ」「弁当のご飯をタダで大盛りにしろ」という客はいるものだ。クレーマーは、ほかに誰も見ていない空間では強気になれる。けれども、ネットを通じて誰かが見ているかもしれないと思うと、そうはいかなくなる。自分の言動が拡散されるなら、個人を特定され、攻撃されかねないからだ。

クレーマーへの対応は店員の大きな負担であり、時間のロスであった。それが減ったことも利益アップの一因だったのだ。

完全「非対面・非接触」型テイクアウトのシステムとは?

新型コロナ禍によって、新たな食のスタイルが生まれているが、そのひとつが「非対面・非接触」のテイクアウトだ。

「非対面・非接触」のテイクアウトでは、事前にスマホアプリでその店に飲み物やフードを注文し、その時点で決済も終えてしまう。

店に向かった客は、店内に設置されているロッカーから注文した飲み物やフードを取り出す。ロッカーの鍵は自分のスマホ画面に表示されるPIN（個人識別番号）やQRコードだから、他人は勝手に開けられない。これなら、店員と一度も顔を合わせることなしに、安心してテイクアウトできるのだ。

いま「非対面・非接触」スタイルのテイクアウトが注目されているのは、コロナ対策が徹底されているからだ。いかにレジにプラスチック板やビニール板の仕切りを設けても、スタッフ、客ともマスクをつけていても、対面しているかぎり、ウイルスに感染する確率がゼロとはいえない。

そんななか、ウイルス感染の確率を徹底的に減らそうとしたのが、この方式のテイクアウトなのだ。

店内で空気感染する確率までもゼロにできるからこそ、「非対面・非接触」がポストコロナ時代のテイクアウトになりうるのだ。

「正直すぎる」スーパーはなぜ、客の心をわしづかみにした？

商売におけるキャッチフレーズには、ネガティブな情報は禁物（きんもつ）のようにいわれる。けれども、零細商店のなかには、あえてネガティブな情報を客に伝える店主や店員もいる。客に「この魚はなぜ、こんなに安いの？」と聞かれたとき、「すでに入荷して3日ばかり経っているものでして。鮮度が落ちたから刺身では使えません。だから、値を下げておきました。でも、煮物、焼き物なら十分ですよ」と答える。

あるいは、「この魚の旬はいつなの？」と客に聞かれたとき、「旬は春から初夏にかけてです。6月半ばからの産卵に向けて太っていきますが、いまの季節は産卵後で身がかなり抜けています。それでもよろしければ、どうぞ」と答える。

意外なことに、こうした「正直商法」の店には固定客がつきやすい。店側にとって不利益な情報も正直に言ってくれるから、正直な店として客は信頼するようになる。旬を外していても、この店の売るものなら、それなりに確かだろうとも考え、客は買ってくれるのだ。

この正直商法、じつは店側にもメリットがある。客からの苦情を減らせるのだ。すでに負の情報を伝えているのだから、客はそこを納得して買っている。たとえ品質が少し落ちていても、客は仕方がないと文句を言わない。「また、今度いいものをあの店で買えばいい」と思ってくれるのだ。

店側からすると、客側からのひんぱんな苦情への対応は、大きなストレスであるとともに、時間の浪費にもなる。ストレスとクレーム対応の時間を減らせるのだから、正直に情報を伝えるのは悪くない選択でもあるのだ。

この「正直商法」をいま大々的に行なっているのが、首都圏のスーパーマーケット「オーケー」である。「オーケー」の「オネスト(正直)カード」は、首都圏では知られるところだ。

たとえば、あるグレープフルーツには、「只今販売しておりますグレープフルーツは、南アフリカ産で酸味が強い品種です。フロリダ産の美味しいグレープフルーツは12月に入荷予定です」とカードを添える。

あるいはニンジン売り場には、「にんじん(北海道産)について。大雨と曇天の影響により、生育が遅れて全体に小ぶりで、例年の3割高と高騰しています。相場が下がり次第、速やかにお知らせします」というカードを置いておく。

オネスト（正直）カードを掲示するメリット

オネスト（正直）カード

にんじん（北海道産）について

大雨と曇天の影響により、生育が遅れて全体に小ぶりで、例年の３割高と高騰しています。相場が下がり次第、速やかにお知らせします。

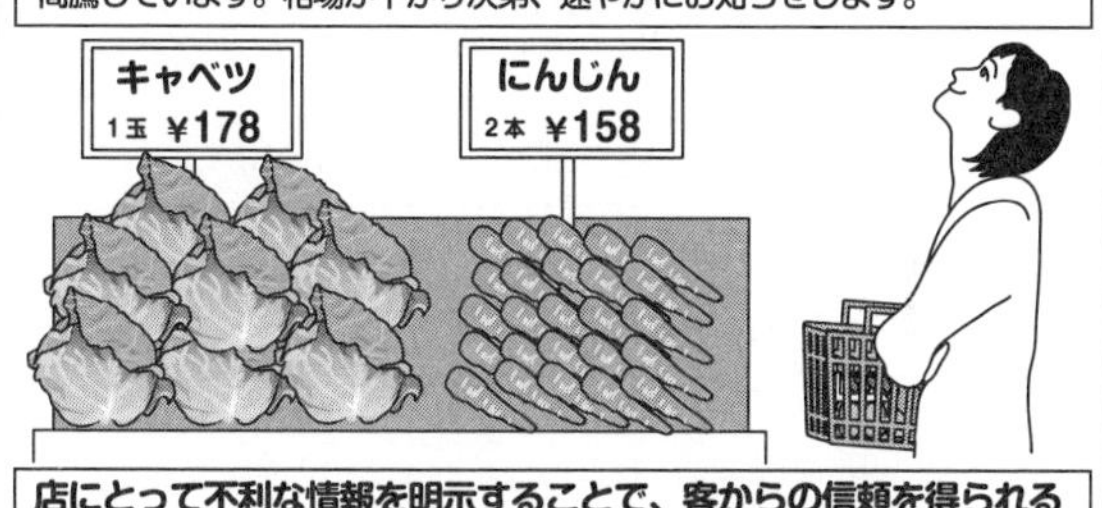

店にとって不利な情報を明示することで、客からの信頼を得られる

これを見た客は、「なんて正直なスーパーなのだろう」と思う。店にとって不利な情報も流すことで、客に損をさせないようにする気づかいに感嘆しないはずがない。「オーケー」の正直商法は、顧客の心をがっちりつかみとっているのだ。

「オネストカード」が支持されているのは、そこに意外性を感じるからでもあるだろう。「オーケー」の安売り商法は、徹底している。「万一、他店よりも高い商品がございましたら、お知らせください。値下げします」とアピールしている。この商法は家電量販店が得意とするところだが、「オーケー」

では食品にまで取り入れているのだ。

しかも「オーケー」は、二番手のメーカーから安く大量に仕入れることを得意としているといわれる。ジュースやビールを冷蔵庫に入れずに常温で陳列し、そのぶんだけ経費を節約している。刺身のパックにはツマを入れていない。ちょっとガツガツしたところのあるスーパーが正直商法も展開しているから、客には新鮮な驚きがあり、信頼も生まれやすいのだ。

ちなみに、「オーケー」の創業者・飯田勧（すすむ）氏の兄である保（たもつ）氏は、居酒屋「天狗」をはじめとする飲食チェーン「テンアライド」の創業者である。弟の亮（まこと）氏は、警備会社「セコム」のこれまた創業者である。

一時金を預かってカートを貸すスーパーの狙いとは？

スーパーマーケット「オーケー」のシステムには、もうひとつ特徴がある。店によっては、ショッピングカートに「一時金」を入れてもらうようにしているのだ。

カート利用客に一時金を払ってもらう理由

ショッピングカートの利用客に、使用前に100円を投入してもらう。その100円はカートの返却時に戻ってくるというシステムなのだが、これにも理由がある。

「オーケー」の狙いは、省力化である。これまで多くのスーパーでは、客が使い終えたカートをスタッフが整理していた。それはスタッフにとって大きな手間であり、人件費のコストを上げてもいた。

「オーケー」は、ここに改善の余地を見た。カート使用時に一時金を預かっておけば、客はその一時金を回収するため、かならずカートを所定の位置まで戻してくれる。店内や店外に放置されることもない。客のほうでカートを整理してくれるのだから、当然、スタッフの手間は大いに省ける。ここにも、徹底した省力化があったのだ。

アメリカの本社が倒産しても、日本店は「営業中」の理由

2020年、アメリカの食料品チェーン店「ディーン・アンド・デルーカ」が倒産した。ディーン・アンド・デルーカは、世界の「美味しいもの」を一堂に集めて売るというスタイルで人気を博し、ひところはセレブリティ御用達ともいわれた。

日本でも店舗を展開し、日本の女性たちに同社のトートバッグは人気があった。航空会社のビジネスクラスで、同社のアイスクリームが提供されたこともあった。

ディーン・アンド・デルーカの倒産で、日本国内の店も閉鎖になるかと思いきや、そうはならなかった。日本の店舗は、平常に営業をつづけている。

日本の店舗に影響が及ばなかったのは、日本においての共同出資者である「ウェルカム」の存在があったからだ。同社は、ディーン・アンド・デルーカの日本国内における商標権の全面的なライセンスを得ていたから、日本の店は営業をつづけることができたのだ。

これは、アメリカをはじめ海外の本家本元が消滅しても、日本では生き残っているひとつの例だろう。アメリカ人と日本人とでは、食の好みや文化が違う。アメリカで飽きられても、日本では愛されつづけることだってある。そのひとつが、ディーン・アンド・デルーカであったのだ。

さらには、日本の会社がアメリカの本家本元を買い取ってしまうこともある。その典型が、セブン-イレブンだろう。セブン-イレブンはもともとアメリカではじまったコンビニエンスストアチェーンである。

セブン-イレブンを経営していたのは、サウスランド社である。1973年、日本のイトーヨーカ堂はサウスランド社とライセンス契約を結び、日本でセブン-イレブンを展開する。セブン-イレブン・ジャパンは、やがて日本のコンビニの覇者となった。

いっぽう、アメリカのサウスランド社は１９９１年に経営に行き詰まってしまう。そこで、イトーヨーカ堂とセブン‐イレブン・ジャパンはサウスランド社を子会社化し、やがては完全子会社にしたのだ。

初セリでマグロを超高額で競り落とす業者の狙いとは？

毎年、正月になると豊洲市場でのマグロの初セリが話題になる。初セリはご祝儀相場であり、高値がつくことで知られる。それも異様ともいえる高値だ。

２０１９年の初セリでは２７８キログラムの大マグロが、キロ値１２０万円で競り落とされた。１本まるごとの値段は、なんと３億３３６０万円であった。

マグロのセリ値は、ふつうはどんなに高くても１本５０００万円といったところ。いかに正月のご祝儀相場とはいえ、１本３億円ものマグロを競り落としたのでは、まずもとはとれない。けれども、じつはこれはビジネスを拡大させるための、ひとつの戦略だったのである。

２０１９年の初セリでマグロを競り落としてみせたのは、回転寿司チェーンの経営者だった。テレビ、インターネット、新聞、雑誌などでは、その経営者と回転寿司店の名を何度もくり返し言葉にし、文字にしていた。これほどの宣伝はない。しかも、タダの大宣伝である。

ネットやテレビ、新聞に広告を打つには、多額の費用がかかる。複数のテレビ局、新聞社、ネット上にまんべんなく広告を打つのなら、広告費用だけで大きなコストになる。その回転寿司の経営者は、３億円でマグロを競り落とすことで、実質、テレビやネットに自社の宣伝をタダでさせていたのだ。

しかも、そのニュースに接した人たちは、「豪気な回転寿司があるものだ。ぜひ行ってマグロを食べたい」と思うもの。こうして客が増えるなら、１本３億円のセリ値でも儲けが出てくるかもしれないのだ。

ただ、マグロのセリが冒険であることも確かだ。「マグロの取引は博打」ともいわれるように、大きなリスクをともなうのだ。

というのも、陸に揚がったマグロの身には「焼け」という現象が見られる

ことがあるからだ。「焼け」とは、切り出した生のマグロの身が焼けたような状態になっていることで、その部分は色がくすみ、食感も悪くなっている。

「焼け」が起こるのは、釣られたマグロが興奮して暴れたとき、体温を上昇させ、乳酸値までも上げてしまうからだ。マグロの魚体は大きいので、身の温度が上昇したとき、氷で冷やしてもすぐには冷めない。筋肉に熱が残っているため、「焼け」になってしまうのだ。

マグロの取引では、マグロの魚体の中身がどうなっているかまで知ることはできない。尾のところが切断されているだけで、そこから判断するしかない。プロとしての目利きが問われるところだ。

競り落としたマグロを解体して、「焼け」であるとわかったとき、買い手側は呆然とする。赤身部分だけが焼けているならまだ救われるが、トロ部分までも焼けていたなら、身全体がスカスカの状態で、高く売ることはできない。高く競り落としたマグロを、泣く泣く二束三文で安く売るしかなくなるのだ。

なぜ、1000円もする高級海苔弁当が売れている？

デフレの時代、安さを売りにする食べ物が多いなか、その逆をいっているのが高級海苔弁当である。首都圏では、１０００円前後もする高級海苔弁当が売れているのだ。空港で販売される「空弁」にも高級海苔弁当が登場するなど、いまやひとつの市場となっている。

海苔弁当は、もともと「安さ」を追求した弁当であった。いまも大手弁当チェーンの海苔弁、シャケ弁は３００円程度である。さらに、激安スーパーマーケットでは200円を切っている。そんななかで、高級海苔弁当が売れているのである。その秘密は、日本人のことさらの「ご飯好き」にあるといえるだろう。

海苔弁当には、シンプルなご飯のおいしさの世界がある。1980年代に登場したとき、その安さもさることながら、客はご飯のおいしさに唸（うな）った。ご飯そのもののおいしさがストレートに伝わったから受けたのだ。

海苔弁当には、ご飯をおいしくする素材が散りばめられている。とりわけ、海苔とご飯、醤油が合体したときのおいしさは格別だ。海苔こそがもっともご飯の味を引き出す素材であり、朝食に「まずはご飯と海苔」という人もいれば、「ご飯と海苔だけで十分幸せ」という人もいる。

海苔だけではない。すぐれた脇役もいる。ご飯とおかか、キンピラが融合したときのうま味も魅惑的だ。そして白身魚フライ、磯辺（いそべ）揚げ、焼きザケのタンパク質と脂が、海苔弁当の世界を広げてくれる。すべての素材は、ご飯をおいしくするためにあるのだ。

つまり、単純に「安いから」売れた商品ではなく、「ご飯が格別においしく感じられる」から売れた弁当であったのだ。

日本人は、ご飯に格別の愛着を持っている。いかに米離れが進んできているとはいえ、それでも別格であり、ご飯のおいしさを求める日本人は少なくない。海苔弁当は、そんなご飯好きな日本人を吸い寄せるポテンシャルを秘めていたから、高級市場に打って出ても「あり」だったのだ。

高級海苔弁当が魅力的だったのは、海苔弁当の持つ、ご飯のシンプルなおいしさの世界をさらに深く掘り下げたからだろう。ご飯の質をより高め、海苔やおかずの素材をより吟味し、高級化すれば、ご飯そのもののおいしさがさらなる次元へと高められていく。1000円という値段でも、ご飯が格別においしく感じられるなら十分に見合う価格であったのだ。

それは「ご飯と海苔」だからこそ、可能な話でもあるのだろう。ひところ、牛丼の高級化路線が図られたことがあったが、客の心をとらえることはできなかった。

牛丼は、ご飯と牛肉、つゆが結合したおいしさの世界であり、ご飯は圧倒的な主役ではない。ご飯が完璧な主役になりきれないなら、客からするとかならずしも高価である必要もなく、わざわざ飛びつくこともなかったのだ。
ご飯と海苔の世界は、牛丼とはまったく別で、ご飯好きの日本人にストレートに食いこんでくるものだったのだ。

ドリンクの激安自販機。本当に儲けは出ている？

街なかには「格安自動販売機」というものがある。たとえば、１２０円の缶入りコーラが１００円で、あるいは缶コーヒーが50円や80円の値段で売られているのだ。大阪と沖縄に多く、大阪には「10円自動販売機」までも存在する。沖縄では「ミリオン」の黄色いボディの自販機が、一種の名物にもなっている。

格安自販機で儲かる仕組みは、仕入れにある。格安自販機業者は「超格安」で仕入れて、「格安」で売っているのだ。

格安自販機業者が目をつけているのは、賞味期限の迫った飲料だ。たとえ大手であれ、賞味期限が迫ると在庫を抱えたくないから、卸値を下げざるを

格安自販機ビジネスが成立するしくみ

飲料メーカー

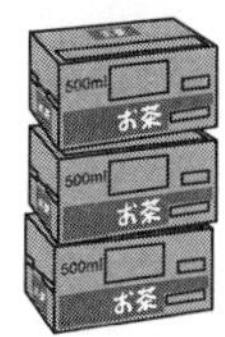

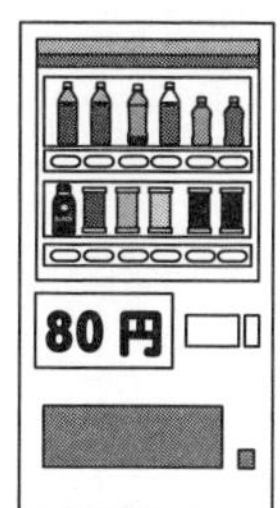

格安自販機の業者

メリット

利益は出ないものの、
在庫を一掃でき、
廃棄ロスも発生しない

超格安の値で大量に買い取る ←

→ 超格安の卸値で大量に売る

メリット

1本あたりの利益は
少ないが、大量に売る
ことで儲けられる

えない。もちろん飲料メーカーも生産量を細かに調整しているが、それでも在庫の山を抱えてしまい、その在庫に賞味期限が迫ることは多々ある。

たとえば、想定外の冷夏となれば、清涼飲料の売れ行きはダウンし、メーカーは大量の在庫に悩むことになる。そして、卸値をずいぶん安くしてでも、在庫を一掃したいと考える。

ここで、格安自販機業者の出番となる。メーカー側が格安自販機業者に泣きつくこともあれば、格安自販機業者が嗅覚を利かせてメーカーと交渉することもある。

格安自販機業者は、卸値を下げざる

をえなくなった飲料を超格安の値で大量に買い取り、格安価格で売る。1本あたりから得られる利益は少なくとも、薄利多売に徹するなら、結局、大きな儲けになるわけだ。

いまや格安自販機業者は、東京や名古屋にも進出しており、格安自販機商圏を広げつつある。

ITと結びついた自動販売機3・0時代が到来！

自動販売機は、やがてITと結びつき、「自動販売機3・0」の時代を迎えるといわれる。缶ジュースやペットボトル飲料の自販機を「自動販売機1・0」としたら、セルフでカップにコーヒーを抽出する自販機が「自動販売機2・0」。「自動販売機3・0」ともなると、その場で調理した料理を提供してくれるのだ。

すでに自販機3・0は、海外では実用化されている。アメリカで開発されたのは、サラダの自動販売機だ。サラダ専門店では客の注文を聞いてカスタマイズしたサラダを提供しているが、このサラダ自販機も同じことができるのだ。

客はタッチパネルで好きな野菜や素材、ドレッシングを選ぶだけでいい。あとは自販機内で調理が行なわれ、およそ90秒で提供される。おもに空港や大学などに設置されているという。

また、ラーメン自販機も実用化されている。アメリカのベンチャー企業「Yo-Kai Express」は、2022年3月に、最短90秒でラーメンを提供する自販機を羽田空港第2ターミナル、首都高芝浦(しばうら)パーキングエリア、JRの東京駅(期間限定)に導入した。

どんぶりに入った状態で冷凍保存されているラーメンを、独自の解凍技術によって最適な調理を行ない、提供するというスタイルで、カップ麺ではない本格派なラーメンを食べることができる。

自動販売機3・0は、本格的な味を提供する「一種の食堂」ともいえる。自動販売機3・0なら無人の食堂まで営めるから、やり方次第で収益をあげられるのだ。

都心のミニスーパーでも新鮮な刺身を販売できる理由とは?

近年、店舗数を大きく増やしているのが「ミニスーパーマーケット」だ。店舗面積500平方メートル以下のミニスーパーが、大型スーパーに劣らない品ぞろえで伸びているのだ。

その理由のひとつは、都心でのタワーマンションの増加にある。タワーマンションの低層階には商業施設が入ることが多く、ここにミニスーパーは出店し、タワーマンションの住人を顧客に取りこもうとしている。

また、ミニスーパーは大型スーパーが進出しない地域に目をつけてもいる。そうした地域は大型スーパーが立地しにくいか、大型スーパーの需要がないかだ。だからこそ、小回りの利くミニスーパーの進出余地があるのだ。

ミニスーパーの魅力は食の品ぞろえである。小さなスペースに新鮮な刺身までも陳列されている。

考えてみれば、刺身を提供するにはバックヤードが必要だ。たいていの大

プロセスセンターを介した流通システム

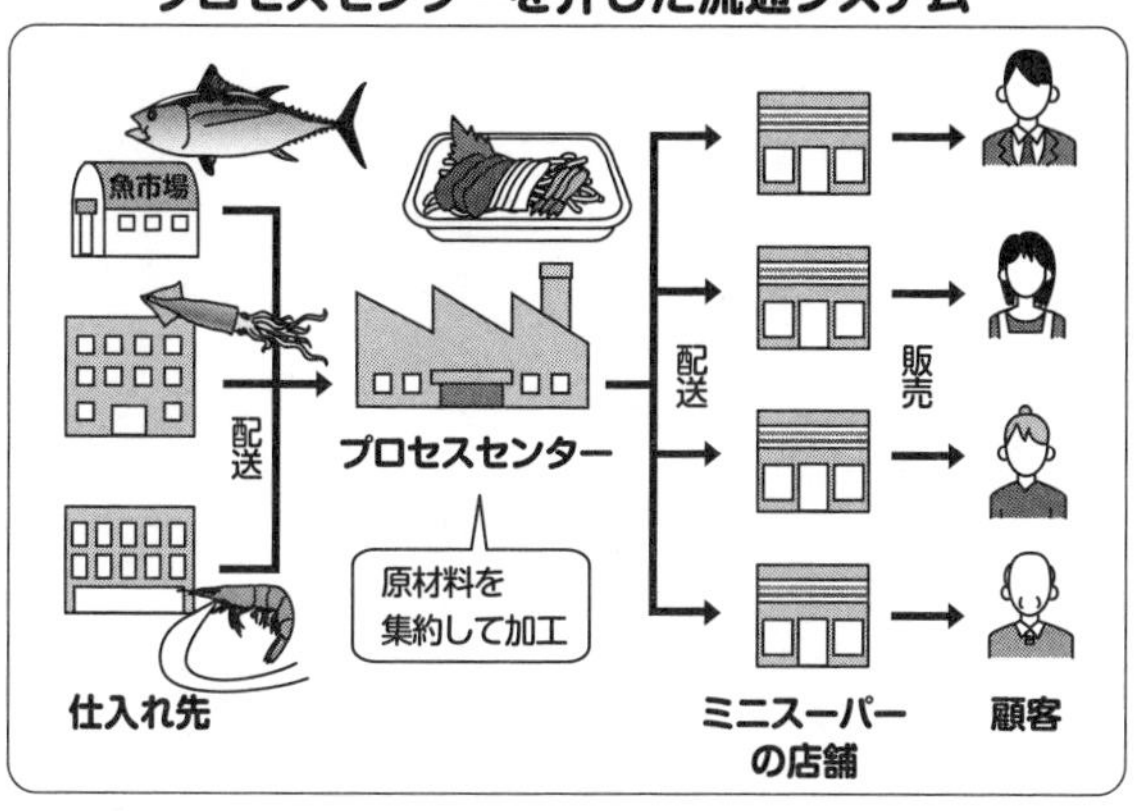

型スーパーには広大なバックヤードがあり、そこでスタッフが刺身を切り、盛り合わせている。ミニスーパーには、そうした巨大なバックヤードがないのだ。

それなのに、なぜ刺身を置けるのかといえば、「プロセスセンター」とも呼ばれる自社生鮮加工センターを持っているから。ファミレスにおけるセントラルキッチンのようなものだ。

ミニスーパーでは、刺身をはじめとした生鮮食品の加工をプロセスセンターで集中して行なっている。このセンターで加工した食品を各店舗へと届けているのだ。

大きなバックヤードがないぶん、ミニスーパーはより多くの商品を並べることができるし、なによりプロセスセンターで集中して加工を行なうから、食材のロスもない。もちろん、食品や食材の管理にも細心(さいしん)の注意が払われている。

スーパーの「刺身盛り合わせ」が店に都合のいい商品であるワケ

いまどきの日本では、刺身は自分でさばくものではなく、スーパーマーケットで買うものとなった。刺身を置くスーパーが数多く存在するからこそ、日本人は刺身に親しむことができるし、日本人の魚食離れの歯止めになっている面すらある。

スーパーで売られる刺身のなかでも、人気商品となっているのが「盛り合わせ」だ。マグロ、タイ、サーモン、イカ、ハマチなどが彩(いろど)りよく盛られており、その見た目も楽しめる。

この刺身の盛り合わせをスーパーのサービスだと思っている人は多いだろ

う。しかし、少なからぬ店にとっては、都合のいい商品であるのだ。

というのも、刺身の盛り合わせは加工食品扱いになるからだ。「生鮮食品」と「加工食品」には、大きな差がある。日本の法律では、生鮮食品には産地の表示が必要なうえ、何も添加してはいけないと定められている。スーパーで単品として売られている刺身は「生鮮食品」扱いであり、産地が表示されている。原則として添加物も使われていない。

いっぽう、刺身の盛り合わせは「加工食品」扱いとなっている。だから、スーパーの刺身の盛り合わせは、それぞれの魚の産地を表示する必要はない。しかも、添加物を使っても法律違反にはならないのだ。

刺身の盛り合わせが加工食品扱いであることを、少なからぬスーパーは最大限に利用している。産地表示の必要がないのだから、不人気な、つまり安い国外産の魚を刺身の盛り合わせに投入できるし、安い魚の味を少しでもよくするため、刺身に添加物を吹きつけたり、塗ったりすることだって許されている。

こうしてスーパー側は、安く仕入れた魚を刺身の盛り合わせのセットにして売っているから、当然、利益率は高くなる。スーパーの刺身の盛り合わせは、じつは多くのスーパーにとって儲けのよい商品であったのだ。

ただし、意識の高いスーパーにとっては、刺身の盛り合わせは難題である。管理のよい状態での刺身の5点盛り合わせ、7点盛り合わせともなると、それだけの魚を集めるのが難しいからだ。

魚の入荷は、季節や天候によって変わってくる。天然ものもあれば、養殖ものもある。さらに、魚には旬というものもある。入荷したばかりの魚もあれば、鮮度の落ちた魚もある。これらの魚をいかに組み合わせ、盛り合わせにするかは頭を悩ませる作業なのだ。

4章

激安・高額商品にはヒミツがある！

誰も教えてくれなかった値段のカラクリ

なぜ、牛丼店の鰻丼は鰻専門店よりはるかに安い？

近年、チェーン系の牛丼店が力を入れているのが、鰻丼（うなどん）だ。その価格は、かなり安い。1000円未満で、本来高級なはずの鰻（うなぎ）が食べられるのだ。いっぽう、鰻専門店の鰻料理は値上がりするばかりだ。鰻丼は最低でも2000円前後となり、有名店の鰻重ともなると、ふつうのサラリーマンにはなかなか手が出しにくくなる。

鰻専門店の鰻丼とチェーン系牛丼店の鰻丼の価格差は、鰻の量や職人の手をどれだけ経（へ）たかの差でもある。けれども、それよりも大きいのは冷凍鰻を使っているか、生の鰻を使っているかの差だ。

じつのところ、鰻専門店の鰻と、牛丼チェーンやスーパーマーケットが扱う鰻そのものの出自（しゅつじ）とモノに差はあまりない。確かに天然ものと養殖ものとでは大きな価格差があるが、そもそも天然鰻の流通量はきわめて少ないから、鰻専門店も多くは養殖鰻を使っている。

その養殖鰻は、たいていは中国や台湾で養殖された鰻だ。国産とうたっていても、もともとの養殖場は中国というケースが多い。日本の法律では「もっとも長い期間にわたって育てられた場所を原産地として表示できる」と定められているから、もとが中国産でも「○○県産」を名乗っていいのだ。

問題は、そこから先である。生の鰻はじつにコストがかかる。生の鰻を市場や専門店に出荷するとき、鰻を扱う仲卸（なかおろし）は、まず大きなビニール袋に現地の水を入れ、そこに鰻を放りこむ。こののち、ビニール袋のなかに大量の酸素を注入し、袋を酸素でパンパンにする。

このビニール袋をダンボール箱に入れて輸送することになるが、鰻のみならず、大量の水や酸素を輸送しているから費用は高額になる。

チェーン系牛丼店やスーパーの場合、冷凍鰻を調達している。現地の養殖場で育った生の鰻は現地でさばかれて調理されたのち、冷凍にされ、冷凍鰻として国内に送られているのだ。

活きた鰻をさばくのはたいていマシンだから、職人技は必要ない。また、鰻のみを輸送するから、大量の水や酸素までも輸送する必要はなく、かさばりも少ない。

さらにはさばいた鰻の骨や内臓は現地で処分しているから、骨や内臓がないぶん、鰻の身は軽くなっている。しかも現地で焼いているため、脂が落ちて少し身が縮み、これまた軽くなっている。こうしたおかげで、輸送コストを格段に落とすことができるのだ。

その先、鰻が鰻専門店や牛丼店に到着してからも、コストの差が出る。鰻専門店の場合、店の魚籠に鰻を入れて活かしておき、客の求めに応じて活鰻をさばくのが伝統店のあり方だ。あるいは、近くの仲卸が鰻を魚籠に入れておき、求めに応じて鰻専門店に活きた鰻を届けることもある。

いずれにせよ、店の活きた鰻がすぐに売れてくれればいい。土用の丑の日の前後なら、到着した先から鰻をさばき、客の胃袋を満たすことができるが、ときには何日も活きた鰻が売れ残る日もある。

売れ残った生の鰻は、みるみるうちに痩せ細っていく。到着したとき３００グラムくらいあった鰻を１週間以上魚籠のなかに放置しておいたら、１５０グラム程度に縮んでしまうことすらある。鰻の単価が高止まりしている時

牛丼チェーンが鰻丼を安く提供できる理由

代、このロスは大きい。とくに専門店に活鰻を売っている仲卸には大きな損失になる。

それればかりか、魚籠に大量に活かしておいた鰻が病気にかかり、集団死するケースもある。これを予防するため、養殖鰻には抗生物質が投与されているといわれるが、それでも何かの原因で大量死することがある。死んでしまった鰻を数時間放置したままなら、もうその鰻には商品価値がなくなるから丸損だ。

いっぽう、チェーン系牛丼店やスーパーの鰻は冷凍鰻だから、店内で身が縮むこともなければ、店で「大量死」

することもない。冷凍庫に入れておけば数か月も保存できる。

このように、鰻専門店の活きた鰻は高コストであり、ロスの危険に満ちている。対して、牛丼チェーンやスーパーの冷凍鰻は、コストを徹底的に削減している。それが、大きな価格差になって現れているのだ。近年、鰻の資源減少もあって、鰻専門店を畳むというケースが少なくないが、それはこうした理由からだ。

かつて、鰻料理専門店では、客は酒でも飲みながら鰻料理が出てくるのをゆっくり待つのがひとつのならわしとされていた。職人が活きた鰻をさばき、焼き、タレを染みわたらせるまでには30分程度はかかる。混雑していれば、もっと時間がかかった。

けれども、これから先はよほどの人気店でないかぎり、客の注文を聞いてから鰻をさばくのはコスト的に難しくなるだろう。鰻の価格が上がるほどに客数は減り、活きた鰻の売れ残りも出てくる。鰻が痩せ細ることを考えれば、入荷した鰻をさっさと焼いてしまったほうがいいと考える店も出てくる。こうした店は、妙に提供が早い。

こうして鰻専門店が苦境に立つにつれて、日本の鰻食文化は変質していくのだ。

大型の天然鰻が超高値で取引される理由とは？

前項で述べたとおり、鰻専門店であれ、牛丼チェーンであれ、扱っているのは、たいてい養殖鰻だ。天然鰻ともなると、高級鰻専門店か超高級日本料理店くらいにかぎられる。

その天然鰻が、近年高騰している。島根県の宍道湖(しんじこ)や高知県の四万十川(しまんとがわ)などブランド産地のもので、とくに1尾500グラムを超える鰻となると、産地の市場で100グラム＝1000円以上から取引される。

養殖鰻なら、100グラム＝500〜600円程度だから、倍近い値で取引がはじまるのだ。1尾1キロもする天然大鰻であれば、それこそ1万円を超えるような取引となる。これが都会の中央卸売市場になると、さらに高値となる。

500グラム超の天然鰻が超高値になるのは、レア感とその脂によってだ。じっさい、エサ代などの歩留り(ぶどまり)が考慮されるため、500グラムを超える養殖鰻はほとんど存在せず、最大でも300グラム強。200グラムや250グラムといったサイズがふつうだ。

多くの人は500グラムを超える大鰻を直(じか)に見たことがないし、そのひと切れの身の厚さを実感したこともないだろう。500グラムを超える大鰻は身が厚く、たっぷりの脂がのっている。この脂が、いまどきの日本人には喜ばれるのだ。

このあたりは、昭和、平成、令和を通じて日本人の味覚が変化してきたこととも関係している。マグロのトロも、かつては「猫も食わない」といわれたものだが、いまの日本人は脂ののった大トロ、中トロが大好きだ。サーモンが人気なのも、脂が多くのっているからだ。

もっとも、かつては産地でも大鰻を食べることは稀(まれ)であった。大鰻は「湖や河の主(ぬし)」のように見えるからと敬遠する人もいたし、あまりに大きすぎるからと気味悪がる人もいた。また、脂が多すぎるという人もいたのだが、ここ10年ちょっとで日本人の味覚や感覚が変化し、大鰻を高値にしてしまったのだ。

ただ、天然鰻が高値で扱われるのは、２５０グラム以上のものだ。２００グラムにいたらないような天然鰻の場合、養殖鰻よりやや安く取引される。このクラスの鰻は脂がのっていないし、身も貧弱だ。養殖鰻でも最低２００グラムくらいあるのに、１８０グラム程度しかないような天然鰻は、いかに「天然」と名がつけども、価値を失ってしまうのだ。

ちなみに、昭和まで振り返るなら、かつては養殖鰻が天然鰻よりも高かった。天然鰻が多く市場に出回っていたこともその理由だが、もうひとつ、天然鰻は大きさにかなりばらつきがあるからだ。

鰻１尾そのまま焼いて提供した場合、大きさにバラつきがあったのでは商売になりにくいし、客からクレームもくるだろう。その点、養殖鰻の場合、大きさにバラつきがないから提供しやすい。天然鰻が高値となるのは、高度経済成長期のあと、天然鰻の減少を受けてのことだ。

１９９０年代、養殖鰻の取引価格は１００グラム２００円を切るぐらいだった。それくらい安かったから、みんなが鰻を食べ、鰻は「高級魚」から転落しそうにもなった。だがそれは、鰻を乱獲(らんかく)した結果の安値であり、乱獲ののち、深刻なシラス(稚魚)資源不足の時代がやって来たのだ。

土用の丑の日が近くなるとシジミが高値で取引される事情

鰻が1年でもっともよく売れるのは、夏の土用の丑の日前後(7月下旬)である。じつはこのとき、鰻とともに派手な売り出しとなるのが、シジミだ。鰻とシジミというと何の関係もなさそうだが、あるころからくっついてしまっている。そこには、冷凍養殖鰻の圧倒的な普及が背景にある。

すでに述べたように、日本のスーパーマーケットや牛丼チェーンで売られている鰻のほとんどは冷凍鰻を解凍したもの。中国や台湾などで鰻のシラスを養殖し、現地で調理、冷凍して日本に送ったものか、中国や台湾から日本の養殖場に送られ、ここで調理、冷凍されたものかだ。

こうして消費地と離れたところで鰻を調理してしまうと、ひとつの問題が

シジミが「土用の丑の日」間近に高騰する理由

冷凍養殖鰻の普及により、
「肝吸い」そのものが
提供できなくなってきている

古来、夏バテに効くとされてきた
シジミ汁が肝吸いの代用品として
親しまれるように

→ シジミ高騰へ

出てくる。鰻丼や鰻重に欠かせない「肝吸い」が提供できなくなるのだ。

鰻専門店はその場で活きた鰻をさばくから肝吸いも提供できるが、冷凍鰻の場合、肝を養殖場で処理してしまう。消費地に届かないのだから、当然、肝吸いを提供することはできなくなる。そうした事情から肝吸いの代用となったのが、シジミ汁なのだ。

土用の丑の日といえば、シジミの最後の旬にあたる。シジミは6月から7月半ばに産卵し、産卵するまで貝のなかに身が詰まっている。土用の丑の日ごろのシジミなら、身がまだ少しは詰まっているから魅力的だ。地域によって、かつてはこのころにシジミ汁を飲むという習慣もあったところから、シジミ汁が鰻とセットで売られるようになったのだ。

もちろん、土用丑の時季には大量のシジミ需要があるから、全国的にシジミの価格が上がる。どの仲卸も7月になるや、シジミ価格を上げはじめ、土用の丑の日のために大量のシジミの確保に動いていく。当然、値は上がり、いつもより高いシジミ汁となるが、そこはたまの贅沢である鰻とのセットということで、許容されているようだ。

ちなみに、土用の丑の日を鰻の旬だと思っている人は多いようだが、この日のある真夏は旬ではない。鰻の旬は秋から冬にかけてだ。食通にとっては、冬の天然鰻こそが美味だという。

土用丑の日に鰻を食べる習慣は、江戸で生まれたとされる。鰻屋が夏に鰻が売れずに困っているところに、このキャンペーンがはじまった。以来、鰻は夏の風物詩になったが、それまでの日本人は鰻の旬を夏とは考えていなかったという証左でもある。

なぜ、フグはかつてと違い、安く食べられるようになった？

ここ10年で別格の高嶺の花ではなくなったのが、フグである。フグといえば、かつては高級魚のなかの高級魚であった。サラリーマンが専門店で「てっちり」を食べることなど、夢のような話であった。けれども、平成の途中あたりからフグの値段は安くなり、大衆でも口にできるようになったのだ。

その背景で何が起きていたかといえば、フグの養殖の成功がある。これによって、フグは安く市場に出回るようになったのだ。

フグの価格には上がり下がりが大きいところがあるが、天然のトラフグなら1匹4500〜1万円が相場である。これが養殖のトラフグとなると、2500〜3000円程度に抑えられるのだ。

もともと天然のフグの旬は、秋から春にかけてである。とくに冬がいちばんおいしい時季といわれるが、養殖の成功によって、フグは年じゅう出回るようになり、夏でもフグが食べられるようになったのだ。

ひところまでフグは、養殖の難しい魚だといわれてきた。フグは攻撃的で、サンゴを噛(か)みくだくほどの強力な歯を持っていたからだ。養殖海域にあって、フグは養殖場の網を噛み切り、逃げ出すほどであった。

凶暴な性格だから、仲間同士でも喧嘩し、殺し合う。そのため困難がつきまとっていたのだが、養殖に成功したことで、フグはこれまでよりも市場に出回るようになった。

成功したとはいえ、フグの養殖にはいまだ難しいところがある。フグの毒であるテトロドトキシンは、もともとフグが体内に有しているものではなく、フグが海中で食べるエサを通して体内に形成されていく。養殖場にあって、テトロドトキシンを生成しないエサを与えるなら、フグが毒を持つことはないが、肝を食べることはいまだ法律で禁じられている。

そのうえ、フグの体内にテトロドトキシンが少なくなると、フグにとっては大きなストレスとなる。フグはより凶暴になり、仲間と喧嘩しがちになるというから、フグの養殖はまだ途上ともいえる。

なぜ、高級寿司店と回転寿司店ではマグロの値段が大きく違う?

寿司店の〝顔〟といえば、マグロだろう。回転寿司店ではその地位をサーモンに譲っても、高級寿司店ではやはりマグロだ。トロと赤身はともに人気が高く、マグロのおいしい店は人気が出やすい。

そのマグロ、当たり前だが、高級寿司店と回転寿司店では値段が大きく違う。マグロの価格には、ピンからキリまであるのだ。

なぜ、マグロにはさまざまな価格があるのかというと、ひとつにはマグロの種類によって値段が違うからだ。

ひと口にマグロといっても、じつはいろいろな種類がある。いちばん高いのは本マグロ（クロマグロ）であり、次いでミナミマグロ（インドマグロ）、ここまでが高級マグロだ。その下にメバチマグロ（バチ）、キハダマグロ、ビンチョウマグロとつづく。

マグロの価格変動は激しく、一概にはいえないが、ミナミマグロはキハダマグロの2倍以上の価格で取引される。本マグロなら、3倍以上の取引となる。天然か養殖かでも、価格は違ってくる。近年、マグロの養殖技術が上がり、養殖ものの質もかなりよくなっているが、それでもなお天然マグロのほうが高値となる。

本マグロの養殖については、昭和のころは困難であった。天然マグロの漁獲のみに頼っていたため、大トロや中トロは高級寿司店や高級和食店でしか食べることができなかった。

平成になって本マグロの養殖が確立されてのち、養殖マグロが全国に出回るようになり、地方都市の寿司店でもトロを食べられるようになった。それでも、高級寿司店が扱いたがるのは、やはり天然のほうだ。

天然マグロにかんしていうなら、漁獲の方法によっても値段が違ってくる。マグロの漁法には、「一本釣り」「延縄（はえなわ）」「旋網（まきあみ）」「定置網」などがある。このうち高値で取引されるのは、一本釣りと延縄だ。

旋網や定置網はマグロの魚体を傷つけやすく、鮮度が落ちやすい。しかも3章で述べたように「焼け」ている可能性もある。だから、魚体を傷つけることが少ない一本釣りや延縄によるマグロが人気なのだ。

また、国産か、輸入かでも価格が異なる。国産のほうが、どうしても高く取引されがちだ。

そんなわけで、高級寿司店で出てくるマグロは、たいていは本マグロである。中級店ともなると、ミナミマグロを使うこともある。こうしたマグロは、天然ものだ。回転寿司店で出てくるのは、たいていが養殖マグロかメバチマグロやビンチョウマグロなどだ。

ラーメン専門店で値段が上昇しつづけている理由とは?

21世紀になって長く日本ではデフレがつづき、モノの値段は上がらないままであった。そんななかで、値段が上がっていたのは、ラーメン専門店(以下、ラーメン店)のラーメンだ。

カップラーメンの値段が昔とほとんど同じでも、ラーメン店のラーメンはじわりと上がりつづけ、ラーメン1杯が800円、900円という店も増えている。いまや、1000円の大台を突破してもおかしくない状況だ。

ラーメン店のラーメンの値段が上がるのは、さまざまな理由からだ。ひとつには、原価の問題がある。ラーメン店の店主の多くは、食べる人を驚かせ、魅了するようなラーメンを提供し、行列のできる店にしたいと考えるもの。そう思うなら、高級食材を使うなどして原価を引き上げるしかなく、そのぶんだけ高いラーメンになるのだ。

あるいは、儲かったラーメン店がさらなる事業拡大を目指したときだ。行列のできるラーメン店なら、せっかくの客を逃したくない。行列客が熱くなっているうちに、2号店、3号店を持って、利益を拡大したい。

そのためには、人材の育成が肝心であり、2号店、3号店を任せられる人材を店で雇い入れ、学ばせる必要がある。彼らの人件費のぶん、ラーメンを値上げせざるをえないのだ。

また、賃料に大きなコストをかけていることも理由となる。ラーメン店は立地が勝負だ。人口の密集したラーメン激戦区に打って出るか、あるいは駅前の一等地に開業し、多くの客を吸い寄せたい。こうして賃料の高いところ

専門店のラーメンの値段が上がりつづける理由

つねに客を呼べるラーメンを提供するには、高級食材を使用するなど、創意工夫が欠かせない → 原価もおのずとアップ

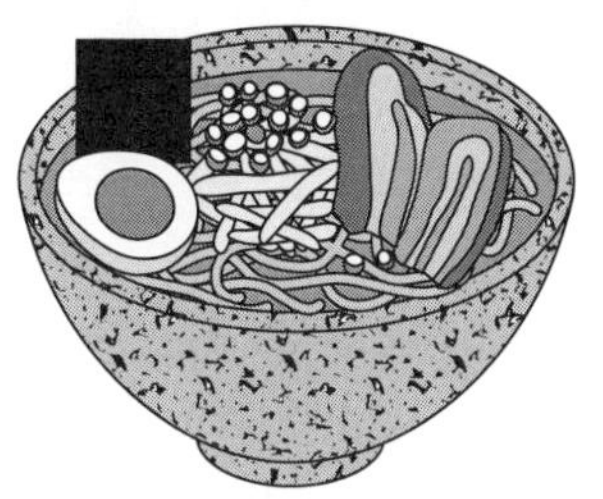

ほかにも…

店舗を増やしたり、営業時間を延長すると、人件費を上げざるを得ない

激戦区や駅前に出店するため賃料が高くなりやすい

「もっとおいしいラーメンを」というファンからの期待に応えたい

に立地するなら、それは大きなコストとなるから、新たに開業するラーメン店ほど、価格を高くするのだ。

さらにもうひとつは、客がラーメン店の値上がりを許容しているところだ。ラーメンファンは、びっくりするほどおいしいラーメン、斬新なラーメンを求めている。そのためには、少々高くてもかまわないのだ。

そこには、日本人のなかに染みこんだ〝ラーメン愛〟もあるだろう。地方都市ではいまもラーメン1杯を450円程度で出す食堂がある。そのすぐ近くに、ラーメン1杯800円の専門店が開業しても、どちらの店にも客が入っているのだ。

日本人は食堂で安いラーメンを素朴に楽しむと同時に、専門店のラーメンも楽しむことを、ごく自然に両立しているのだ。

なぜ、天然よりも高値の養殖ブリが存在する？

養殖魚は安いというのが一般の通念だが、なかには天然魚よりも高い養殖魚もある。その典型が「養殖ブリ」だ。

もちろん、すべての養殖ブリが天然ブリよりも高いわけではない。多くの養殖ブリは天然ブリよりもずっと安いのだが、一部の天然ブリが、わりと高値なのである。そうしたブリの多くは「フルーツ魚」とも呼ばれる。

「フルーツ魚」とは、エサにカンキツ類などを混ぜて育てた養殖魚である。なぜ、人気があるかといえば、魚の血合（ちあい）の部分がすぐに褐色（かっしょく）に変化しにくいからだ。

ブリをはじめとした青魚には、身に赤い色をした血合という部分がある。

魚を切り身や刺身で売るとき、この血合の部分はすぐに褐色に変化しやすく、その変色は見た目を悪くし、当然、変色した切り身や刺身は売りづらくなる。

スーパーマーケットにとって、刺身売り場はひとつの〝華(はな)〟であり、客も刺身の美しさを求める。変色した刺身に客はそっぽを向くから、刺身売り場そのものの売り上げに打撃を与えかねない。

いっぽう、カンキツ系のエサで育った「フルーツ魚」は血合が変色しにくい。カンキツ類などに含まれるポリフェノールに抗酸化作用があり、血合の変色を抑える働きを持つからだ。

カンキツ類などのポリフェノールを含んだエサを与えた魚なら、切り身や刺身が変色せず、売りづらくなることがない。そうして、「オリーブぶり」「すだちブリ」「みかんブリ」「柚子鰤王(ゆずぶりおう)」といったフルーツ魚が各地で養殖され、人気を得ていったのだ。

これらフルーツ魚は養殖だから、安定的に供給できる。天然ブリの場合、漁獲によって値崩れすることもあるが、養殖のフルーツ魚は値崩れしにくく、時として天然ブリよりも高くなるのだ。

なぜ、コンビニコーヒーは破格の値段を実現できた？

いまどきのコンビニエンスストアでは、コーヒーのSサイズを1杯100円で提供している。Mサイズとなると高くなるが、それでもチェーン系コーヒー専門店のコーヒーよりは安い。

しかも、コンビニのコーヒーは、チェーン系コーヒー店のコーヒーに負けず劣(おと)らずおいしい。外国人旅行客も、日本のコンビニのコーヒーのうまさに驚くという。

コンビニのコーヒーがおいしいのは、単純にお金をかけているからだ。一説によると、コンビニのコーヒーの原価率は、カップ代を含めて5割近くになるという。一般の喫茶店が出すコーヒーの原価率は1割程度だから、1杯に5倍以上のお金をかけていることになる。それなのに、100円という安い価格に抑えているのだ。

コンビニが原価率の高いコーヒーを安価で提供しているのは、ひとつには

コンビニチェーンの「100円コーヒー」戦略

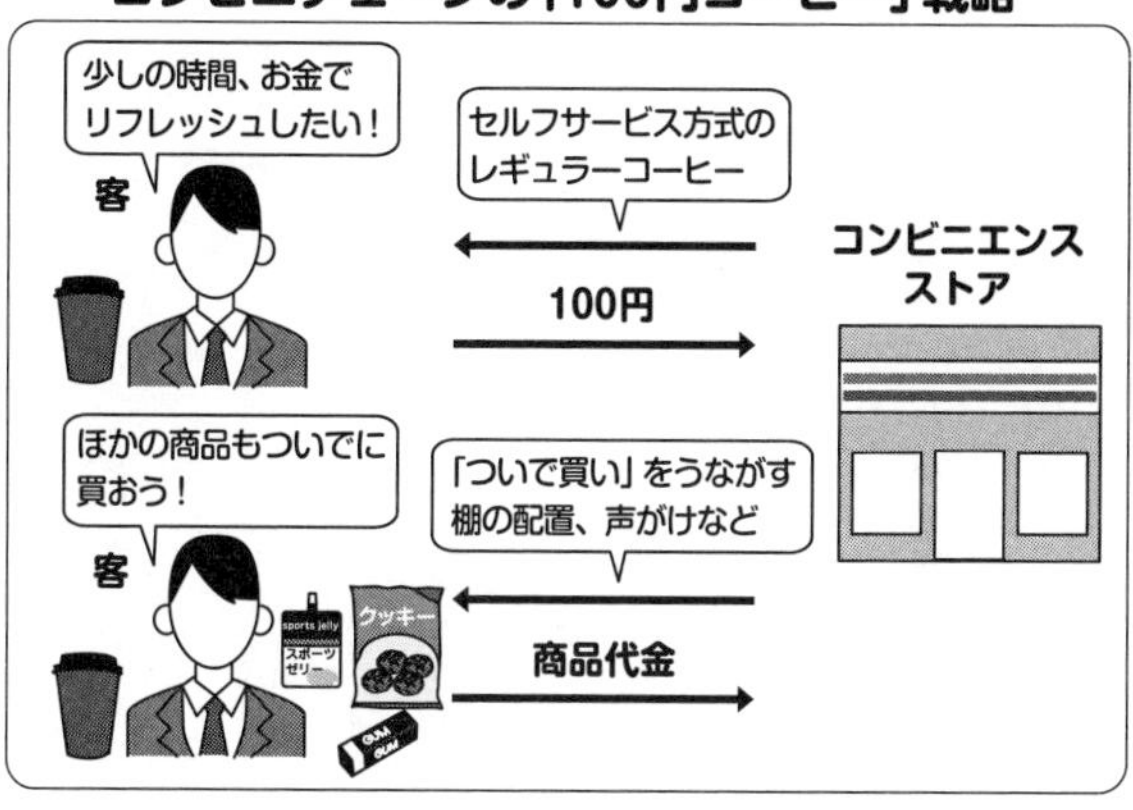

セルフ方式にしているからだ。

店側はレジで代金と引き換えに客にカップを渡すだけで、あとは客がマシンを操作する。砂糖を入れたり、ミルクを入れたりするのも客の仕事だ。コンビニのコーヒーは、スタッフの手を煩(わずら)わせることがないぶん、コストカットできているのだ。

また、コンビニのコーヒーをイートイン・スペースで飲む人もいるが、たいていはテイクアウトである。必要以上に空間を提供しなくて済むところが、一般のコーヒー店とは違うのだ。

もうひとつ大きいのは、100円コーヒーがコンビニの儲けの〝原料〟になるからだ。コンビニでコーヒーだけを買う客は少数派だろう。たいていはパンや菓子類をまとめて買ってくれる。
コーヒーの原価率が高くても、ほかにあれこれ買ってくれるなら、それで十分に儲けが出る計算になるのだ。

なぜ、ディナー2万円の高級店が5000円ランチを提供している？

日本のみならず、多くの国では夕食よりもランチの価格を安く設定している。ディナーが２万円もする高級料理店が、昼には５０００円程度のランチを提供していることだってある。

そこには、店側のさまざまな思惑が絡んでいる。ひとつには、店側の宣伝になるということだ。夜よりも安くランチを提供するなら、客を惹きつけやすく、ＳＮＳで評判も拡散され、それだけよいイメージが定着する。昼に食べた客が夜にも訪れてくれたなら、こんなありがたい話はない。

いっぽうで「宣伝効果はそれほどでもない」という見方もある。高級料理店では、昼と夜の客層は変わる。もともと、昼と夜の客層が違うのだから、ランチを食べた客を夜の来店に誘導する方法には限界があるというのも納得のいくところだ。

それよりも店側が考えているのは、食材ロスを抑えることである。前日の夜に残った食材をランチに回すのだ。

もちろん、2万円のディナーに使う食材と5000円のランチに使う食材は違う。ただ、違うといっても、たとえばフレンチなら、牛肉か豚肉かという肉の違い、ソースの差、皿数などで、魚や付け合わせの野菜は共通することが多い。魚や野菜は傷みやすいから、夜に余った魚や野菜をランチに回し、食材ロスを抑えているのだ。

もうひとつ、ランチの時間は、料理人にとって夜の仕込みの時間にもなるということがある。

ランチの時間、手の空いた料理人たちを見ていると、彼らは食材の皮むきをしたり、何かに漬けこんだりしている。ランチの時間に夜の仕込みをすることで、時間を合理的に使っているのだ。

また、若い料理人は場数(ばかず)を踏んで鍛えられるもの。ランチの時間は若い料理人や、その店の二番手の料理人に場を与え、彼らの技量を上げるチャンスにしている店もある。彼らが腕を上げてくれるなら、店の評判もより高まるのだ。

さらに高級フレンチやイタリアンの場合、昼でも「一杯だけ」とグラスワインを頼んでくれる客が少なくない。すでに紹介したように、高級店においてグラスワインの儲けは大きいから、ランチで儲けることもできるのだ。

儲かっているはずの宅配ピザが値下げしない事情とは?

コロナ禍により在宅ワークが増えるなか、ますます需要が増えているのが宅配ピザだ。

ただ、「宅配ピザは高い」と思っている人は多いだろう。宅配ピザの1枚の値段は通常サイズで2000~2500円程度。サイズアップしたり、高めの具材のものを選べば、4000円以上することもある。

繁盛しているのだから、もう少し安くしてもいいような気がするが、いくら儲かっても宅配ピザが値段を下げることは、まずないだろう。それは、宅配ピザならではのコスト構造が関係している。

宅配ピザで販売するピザの原価は、およそ30パーセント。外食店としてはきわめてふつうの原価率である。

宅配ピザのコスト構造がほかの外食産業と異なるのは、立地にさほどこだわらなくてもいい点だ。注文を受けて調理し、配達するための場所だから、にぎやかな表通りに立地せずともよく、家賃の安い場所に店舗を構えやすい。また、注文を受けてからつくるので、廃棄ロスも少ない。

そのいっぽうで、負担になりやすいのが人件費だ。宅配ピザでは一般に、注文を受けてから30分以内に届ける。焼き時間や配達準備の時間を考えると、じっさいの配達時間は15分といったところだろう。つまり往復30分は、そのピザを届けるためにアルバイトの時間が拘束されることになる。

アルバイトの時給を１０００円と考えると、往復30分という1回の配達でかかる人件費は５００円。１回の注文でできるだけ高い値段のものを注文してもらわないと、とても人件費に見合わないのだ。

また、ピザの値段を安くすれば注文件数は増えるだろうが、その増えた数だけ、配達スタッフの数も必要になる。スタッフを増やせば、それだけ人件費も増える。人件費に負うところが大きい宅配ピザでは、価格を安くして注文件数を増やしても、さほどメリットにならないのだ。

それよりは、いまいるスタッフで回せるだけの注文をもらえればいい。いまのままで十分注文が来るのなら、わざわざ値下げする必要はないのだ。

「幻の日本酒」「幻の焼酎」の値が釣り上がるカラクリとは？

世の中には「幻の日本酒」「幻の焼酎」と呼ばれる酒がある。入手難を極め、運良く入手できたとしても、ともすれば1万円以上のお金を支払うことになる。いまや「幻の日本酒」「幻の焼酎」は、高くて当たり前という認識すら広がっている。

ただ、「幻の日本酒」「幻の焼酎」と呼ばれる酒でも、ごくありきたりな価格で売られていることもある。とくに酒造の地元にある酒店では、他の酒とそう変わらない値段で売っているのだ。

また、コロナ禍の前はＪＡＬ（日本航空）のファーストクラス、ビジネスクラスの機内販売で、「幻の焼酎」が1本３０００円前後で売られていた。これも、ＪＡＬの出血大サービスではないだろう。造り手と正規のパイプを持つなら、このくらいの価格で販売できるということなのだ。

よくある地酒が「幻の日本酒」「幻の焼酎」と化してしまうのは、「転売」が働いているからだ。最初から、人気の酒造が店側にべらぼうな値段で売っているわけではないのだ。

人気の酒造からの仕入れであっても、その値はごくごく穏当な価格だといわれる。酒造から仕入れた酒店も、たいていは穏当な価格で売っている。その背景には、酒造と店の信頼関係もある。

よい酒を造ろうと努力を重ねている酒造ともなると、店側と堅い信頼関係を築こうとする。日本酒の蔵の場合、自分の蔵の酒を適正な温度で管理できる店にしか売らないといったケースもある。この信頼関係があるかぎり、酒店側も仕入れた酒、焼酎を法外な値段で売りはしない。

ただ、こうしてかぎられた数量の日本酒や焼酎を、これまでに信頼を築いてきた店のみに売っているかぎり、新たに仕入れたいという店に売る余裕はない。よい酒や焼酎は手間ひまかけて造るものだから、増産はそうはできないのだ。だから酒造側は、新たな取引にはあまり積極的にならない。

問題となるのは、ある酒造の日本酒なり焼酎なりが、いきなり注目を集めたときだ。

「幻の日本酒」「幻の焼酎」が生まれるのは、口コミからである。とくに有名人が「あの日本酒は最高」などというと、その口コミは広がり、多くの人が飲んでみたくなる。

しかし、すでに述べたように、そのような日本酒や焼酎は、酒造と信頼関係を築いてきた酒店や料理店くらいにしか置かれていない。だから、注目された日本酒や焼酎はあっというまにレアもの扱いとなり、高騰がはじまる。それは、酒造や店側の管理を離れての高騰だ。

人気の酒造と取引がある酒店は、その酒がどれだけ人気になっても、ごく

「幻の酒」の値段が釣り上がるしくみ

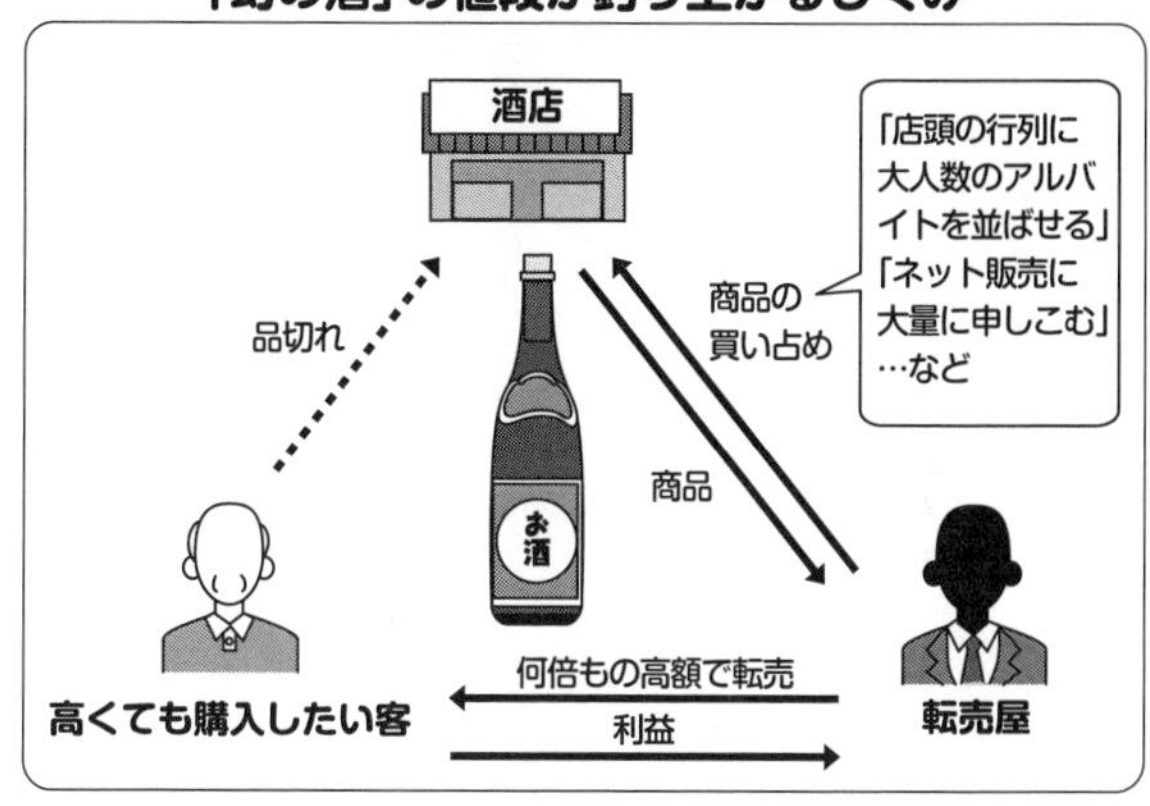

穏当な価格で売っている。しかし、酒店で買った客が、転売をはじめるとなると、とたんに話が変わってくる。

たとえば、ある酒店関係者が大人数のアルバイトを雇い、人気の焼酎を客1人1本限定で売る店に並ばせ、その焼酎を買わせる。

こうして買い集めた焼酎を自分の店で、買った値段の3倍、4倍の価格をつけて売るのだ。

このように「幻の日本酒」や「幻の焼酎」が高値で取引される背景には、酒造や酒店の手が及ばないところで勝手に値が釣り上がっていく手法があるのだ。

10年前は1万円で買えたワインが数倍以上に高騰した理由とは?

ワインの世界において、ここ10年で大きく値上がりしたのは、高級ワインである。とくに、フランスのボルドー、ブルゴーニュ産の有名ワインの値上がりは著しい。

2000年代初頭なら8000円程度で購入できたワインが、いつの間にか2万円、3万円となり、なかには10万円を超えているワインもある。

確かに、21世紀になってブドウの栽培やワインの醸造技術は進化し、10年以上前よりもワインはおいしくなったといわれる。しかし、中身がまったく変わっているわけでもない。かつてよりもおいしくなった、という理由だけで、高級ワインが10倍以上も値上がりはしないだろう。

高級ワインの値上がりが著しいのは、世界全体が豊かになり、富裕層がワインにも興味を持ちはじめたからだ。

もともと、ボルドーを代表する5大シャトーのワインにしろ、かつてはそれほど高いものではなく、1本1万円で売られていた時代もあった。いくらボルドーやブルゴーニュのワインがブランドだといっても、世界的にはそう知られていなかったからだ。

むしろ、かつては値崩れの危険にさらされたこともあった。20世紀後半、まずはアメリカ人、つづいて日本人がボルドーやブルゴーニュの高級ワインを買うことで値崩れが起きずに価格が維持されてきた側面もある。この時代、高級ワインの供給と需要のバランスは「ちょうどいい」といったところだった。

ところが、21世紀になって新興国が台頭してくると、話は違ってくる。新たな富裕層たちが数多く登場し、彼らがワインの魅力にハマりはじめたのだ。こうなると、高級ワインの供給と需要のバランスが崩れ、需要のほうが圧倒的に増えていく。

２０００年代、中国の富裕層たちは、ボルドーの高級ワインを買いあさった。ロシアの富裕層たちも高級ワイン市場に参入した。これにより、ボルドーワインの価格は、２０００年代に急激に高騰する結果になった。

ボルドーの高級ワインを買いあさり尽くした富裕層は、つづいてブルゴーニュに目をつけた。そうして、ブルゴーニュワインもまた、高騰してしまったのだ。

ボルドーやブルゴーニュの高級ワインは、いまや世界じゅうの富裕層に人気がある。彼らの需要に応じて、人気の高級ワインの値は上がりつづけ、「かつては買えたのに、いまや探しても見つからない」という幻のワインまで存在しているのだ。

さらに、日本経済が長くデフレに沈み、デフレ慣れしているところから、日本が買い負けしている側面もある。日本経済は長くほとんど成長できなかったが、世界の多くの国はそのあいだに確実に成長し、多くの者が所得を伸ばしたのだ。

高級ワインの生産地であるフランスにしても、人々の所得は上がった。所得が上がれば、モノの値段も上がる。成長経済にある国のワインなら、確実に値上がりし、デフレ慣れした日本人を呆然（ぼうぜん）とさせているのだ。

お客が知らない「激安醤油」の秘密とは?

スーパーマーケットでは「特売」「激安価格」などと称して、1リットル100円台の醤油が売られていることがある。

激安スーパーなら、常時そうした値段で売られている醤油もある。同容量のほかの醤油とくらべると、半分以下の値段というケースが多いが、なぜこんなに安い値段になるかというと、製法がまったく異なるからだ。

醤油は本来、大豆と小麦と塩を原料に造られる。蒸した大豆と焙煎(ばいせん)した小麦を培養して麹(こうじ)をつくり、これに塩と水を加えて醸造する。醤油として完成するまでには1年という時間がかかり、原材料にこだわった高級醤油には、1リットル1000円以上といったものもある。

また、スーパーでよく見かける大手メーカーの醤油では、大豆のほかに価格の安い脱脂加工大豆も使用している。これだと、1リットル300円程度で売ることができる。

ラベルでわかる「醤油」と「醤油風調味料」の違い

醤油

【名称】有機うすくち醤油（本醸造）

【原材料名】有機大豆、有機小麦、食塩

醤油風調味料

【名称】こいくちしょうゆ（混合）

【原材料名】アミノ酸液、脱脂加工大豆、小麦、食塩、砂糖、カラメル色素、調味料（アミノ酸等）、甘味料（ステビア、甘草、サッカリン Na）、保存料（パラオキシ安息香酸）、ビタミン B_1

本醸造以外は（混合）または（混合醸造）と表示される

1リットル100円台の醤油となると、いっそう原材料費を抑えている。醤油のうま味のもとはアミノ酸だ。そこで化学的につくったアミノ酸液を主原料にして、そこに食塩や脱脂加工大豆、小麦などを混ぜていく。

さらに色をつけるためのカラメル色素、甘味をつけるための甘味料、コクやとろみを出すための増粘多糖類、うま味を出すための化学調味料などを加えていく。香りづけのために、本物の醤油を加えるケースもある。発酵という過程を経ないため、製造には1か月もかからない。これもコストが安くなるしくみのひとつだ。

これらは、「新式醸造しょうゆ」「しょうゆ風調味料」などと呼ばれる。しかし、ラベルを見ると「名称：こいくちしょうゆ（混合）」などとあり、一見すると醤油のように見える。ただし原材料名を見ると、いま述べたような原材料が書かれており、さまざまな種類が使われていることがわかる。

もちろん風味も違う。1年かけて熟成させた醤油には、発酵による複雑な味わいがあり、刺身につけると魚の生臭みを消す効果もある。

なぜ、立ち食い蕎麦屋では、蕎麦とうどんの値段が同じ？

蕎麦とうどんをくらべると、一般に蕎麦のほうが高級なイメージが強い。蕎麦の名店ともなると、ざる蕎麦1枚が2000円以上したりする。いっぽう、うどんの場合、素うどんが1000円を超えることは、まずない。

これはうどんの原料である小麦粉と、蕎麦の原料である蕎麦粉の値段の違いが大きい。産地にもよるが、世界じゅうで生産、消費される小麦粉と、ほぼ日本でしか使われない蕎麦粉とでは、蕎麦粉のほうがはるかに高くなる。

スーパーマーケットでは、蕎麦ひと袋のほうが、うどんより10円くらい高い。

ここで不思議なのが、立ち食い蕎麦屋やふつうの食堂、定食屋などで食べるうどんと蕎麦だ。とくに立ち食い蕎麦屋では、うどんと蕎麦の価格は同じだ。なぜ、それが可能かというと、こうした店で出てくる蕎麦は、限りなくうどんに近いからだ。

蕎麦屋で出てくる蕎麦は、通常「二八(にはち)蕎麦」とか「十割(とわり)蕎麦」と呼ばれるものだ。「二八蕎麦」は小麦粉2、蕎麦粉8の割合で使用しているもの。「十割蕎麦」は蕎麦粉を100パーセント使用したものだ。

いっぽう、安い蕎麦では小麦粉の比率が高い。JAS(日本農林規格)では、蕎麦粉の割合が30パーセント未満のものを「蕎麦」と名乗ってはいけないとしている。ただし、これはスーパーなど店売りの場合で、外食店には適用されない。蕎麦粉の割合が10パーセント程度の店もあり、こうなると原価はうどんとさほど変わらない。

また名店で使う蕎麦粉の多くは「北海道産」「長野県産」などと産地にこだわり、栽培も有機農法で行なうなど手間ひまをかけている。対して、安い蕎麦の場合、中国産など海外ものを使っている。うどんで使われる小麦粉もアメリカやカナダなど外国産だ。

だからといって、食堂や立ち食い蕎麦屋のうどんや蕎麦が、暴利をむさぼっているわけではない。とくにかけ1杯250〜300円程度の立ち食い蕎麦屋の場合、原価率はつゆや薬味の原価も足して60円程度。原価率は24〜30パーセントといったところで、適正価格といっていい。ただし、単価が安いので、金額にすれば1杯あたりの利益は200円あるかどうかだ。ここから人件費や光熱費、家賃などを払うとなると、相当厳しい。

これを補う(おぎな)のがトッピングやサイドメニューだ。卵うどんなら50円増し、えび天うどんなら100円増しといった具合になる。卵の原価を10円程度、えび天の原価を25円程度とすれば、卵うどんなら40円、えび天うどんなら75円、利益の積み増しができる。

さらにサイドメニューの定番、おにぎりやいなり寿司もある。これらは100円前後の値段だ。なかにはミニ丼を出す店もあり、これだと200〜300円ぐらいのアップになる。これらを注文する客がいることで、立ち食い蕎麦屋は成り立っているのだ。

「200円弁当」を売る店の目論見とは?

２０２１年6月にローソン系列の「ローソンストア１００」が発売した２００円の「ウインナー弁当」が、その価格の安さと中身のシンプルさで話題を呼んだ。さらに11月には、同じく２００円で「ミートボール弁当」を、２０２２年3月には「のり磯辺揚弁当」も発売。いまや２００円の弁当が珍しくない時代になりつつある。

長引く不況ということもあり、激安スーパーマーケットや弁当店でも２００円前後の弁当を販売するケースが少なくない。それも「ウインナーだけ」「ミートボールだけ」「磯辺揚げだけ」といった単品ではなく、煮物やスパゲッティ、漬物が添えられていたりする。これまで弁当といえば、安くても４００円弱くらいはしていた。それを２００円まで下げて大丈夫なのか気になるが、店側はこの弁当でもとを取ろうとは考えていないようだ。

２００円弁当にかかる原価は、定価とほぼ変わらない。あてにしているのは、一緒に買ってもらうお総菜や飲み物類だ。

たとえば、ローソンストア１００には、弁当のほかに総菜や飲み物もあるし、デザートも充実している。客からすれば、弁当代を安く抑えたぶん、栄養バランスを考えて野菜の総菜を買ったり、ちょっとリッチなデザートを買おうということにもなる。

同じことは弁当店やスーパーにもいえる。弁当店も、やはりポテトサラダや野菜サラダといったサイドメニューを用意しているし、スーパーなら弁当店以上に総菜が充実している。当然、お茶をはじめとした飲み物もそろっているから、これらを客に買わせることで利益を出そうというのが、店側の狙いなのだ。

なぜ、「焼き鳥5本セット」にはかならず皮やハツが入る？

焼き鳥店でメニューに迷ったとき、重宝（ちょうほう）するのが盛り合わせだ。定番のモモ肉のほか、ネギマやレバーなどの串が入っている。

この焼き鳥の盛り合わせ、「肉」だけということは、まずない。たとえば5本セットなら、定番のモモ肉やネギマのほかに、レバーや皮などが入ることが多い。もちろん、客にいろいろな部位を楽しんでほしいという店側の配慮でもあるが、じつは同時に店側の原価計算も働いている。

焼き鳥で原価がいちばん高いのは、モモ肉だ。もちろん国産ものか海外ものか、あるいは国産でもブランド鶏かそうでないかで違ってくるが、国産の地鶏肉なら原価は1本100円程度。場合によっては、それ以上する。また、モモ肉のあいだにネギを入れたネギマだと、原価は1本40円程度だ。

安いのがトリ皮やハツ、レバーなどだ。1本あたりの原価は10～25円程度であり、価格調整にちょうどいい。

たとえばモモ肉、ネギマ、トリ皮、ハツ、レバーを1本ずつの5本セットなら、原価は170円程度になる。原価率を30パーセントとすると、価格を500円程度に設定できる。しかも、バラエティ感も演出できるから、5本セットにトリ皮やハツ、レバーは欠かせないのだ。

5章

なぜ売れて、なぜ廃れたのか?

売れに売れたヒット商品。栄枯盛衰の舞台ウラ

行列のできるラーメン店なのに廃業に追いこまれてしまうワケ…①

外食産業は浮き沈みの多い世界だが、なかでもラーメンの世界の栄枯盛衰は激しい。行列ができていたはずの人気ラーメン店でも、数年後には廃業・閉店に追いこまれることがあるのだ。

ラーメン業界にはひとつの通説があり、開業から1年以内に閉店するラーメン店はおよそ4割だという。開業から3年以内には約8割のラーメン店が店を畳んでしまうという試算もある。つまり、3年以上の寿命があるラーメン店は2割程度。10年つづくラーメン店となると、1割にすぎないとされる。

たとえば、近くにラーメン店が3軒できたとしよう。そのうち1軒は1年以内に潰れていて、3年後に残っている店は1軒あるかないか程度という計算になる。

人気のラーメン店でも廃業を免れないことは、このコロナ禍騒動が示している。通販にも力を入れていた福岡の人気チェーンが、閉店に追いこまれているのだ。

人気ラーメン店でも倒産してしまうのは、さまざまな理由からだ。チェーン系はともかく、個人経営のラーメン店は、えてして高コスト体質にある。人気を得たいラーメン店ほど、味の向上に意欲を注ごうとするからだ。

売れているうちはそれでもやっていけるが、いざ何かの拍子に売り上げの伸びが止まると、高コスト体質ゆえに一気に経営が苦しくなりやすいのだ。

ラーメン店がいかに高コスト体質であり、その経営が難しいかは、プロレスラーの川田利明が、その著書『開業から3年以内に8割が潰れるラーメン屋を失敗を重ねながら10年も続けてきたプロレスラーが伝える「してはいけない」逆説ビジネス学』（ワニブックス）で語っている。

彼はラーメン店の開業資金に1000万円を用意していたが、その1000万円はまたたく間に消えてしまった。そればかりか、店の維持のために所有していたベンツ3台を売り払ったという。「俺はベンツを3台、ラーメンのスープに溶かしました」というのが、彼の自虐ネタだ。

ラーメン店が倒産しやすいのは、競合店が多すぎるからでもある。日本にはラーメン店が約3万軒あるとされる。牛丼チェーン大手3社を合わせた店数でも、5000軒に満たないのだから、凄まじい競合市場なのだ。

競争は、かならず淘汰を生む。いかに世の中にラーメン好きが多くても、そのパイの広がりには限界がある。パイの限度を超えてラーメン店が増殖しようとするなら、廃業する店が数多く出てきても不思議ではない。

そもそもただでさえ、競合店が多い世界なのに、どんどん新たな参入者が登場する。ラーメン店の行列を見て「ラーメン店は儲かるから、一攫千金になる」と思う者、あるいはラーメン好きが嵩じて「自分もラーメン店をやってみたい」と志す者らが、つぎからつぎへと現れるのだ。

新たな参入者が出れば出るほど、既存のラーメン店のなかから弾かれる店が出てくることになるのだ。

行列のできるラーメン店なのに廃業に追いこまれてしまうワケ…②

ラーメンの世界は「うまければ売れる」というものでもないらしい。それよりも、流行が支配しやすいという。その流行の移り変わりは、異様なほど速い。いまや1年スパンで流行のラーメンが変わる時代になっている。

たとえば、平成後期のラーメンブームを振り返るなら、以下のとおりだ。

平成17年……鶏白湯（とりぱいたん）ラーメンが流行
平成18年……魚粉（ぎょふん）をスープに入れるスタイルがトレンドに
平成19年……汁なしラーメンがブームに。つけ麺に脚光（きゃっこう）
平成20年……味噌ラーメンが注目を浴びる。魚介つけ麺も流行
平成21年……新しいタイプのタンメンが登場。ドロ系ラーメンにも注目
平成22年……淡麗系ラーメンがブームに。肉そば系も増加
平成23年……創作冷し中華にスポットライト
平成24年……清湯（ちんたん）系ラーメンが人気に

こうしてラーメンの流行がめまぐるしく変わっていくにつれて、流行のスタイルを取り入れた店は一時的にはブレイクしても、その先が怪しくなる。

ラーメン好きは流行に敏感で、移り気なところがある。いまは家系ラーメンの店として行列ができていても、翌年、新たなスタイルのラーメンの人気が沸騰するなら、客はそちらに移ってしまうのだ。

しかも、現在はＳＮＳが普及し、ラーメン店の情報はあっという間に拡散していく。どこかで新たなスタイルのおいしいラーメン店が登場したとなったら、客は一気にそちらに動き出すし、その新しいスタイルでのラーメン店も雨後の筍のように登場する。人気のラーメン店でも、すぐに時代から取り残されやすい構造になっているのだ。

人気のラーメン店の場合、経営者につい色気が出て、儲けの拡大を図ろうとする。２号店、３号店を開業するための借り入れをしたはいいが、流行が変われば、客の流れも変わっていく。２号店、３号店のための借り入れが大変な重荷にもなり、廃業に追いこまれたりするのだ。

さらにラーメン業界に参入してくる者には、意欲はあるが、経営に習熟していないタイプも多い。熱い情熱はラーメン店を繁盛させる突破口になるいっぽうで、経営に未熟であるかぎり、どんぶり勘定になりがちだ。客が多く入っていても、利益を確保できず、失敗してしまうケースもあるのだ。

ラーメン専門店から「半チャン」が消えたのはなぜ？

近年、ラーメン専門店のサイドメニューにひとつの変化がある。ご飯ものを食べようと思ったとき、半チャン（半チャーハン）のセットがないのだ。

要は、チャーハンがメニューにないのである。代わって、チャーシュー丼や卵かけ丼などといったご飯ものがメニューに書かれている。かつてラーメン店や中華料理店では、半チャンはよくあるセットメニューであった。いまなお半チャンの人気は高いのだが、いまどきのラーメン専門店は、あえて半チャンをつくらないのである。

そこには、ラーメン店のコスト意識がある。まず、チャーハンをつくることが、客が考える以上に手間であることが挙げられるだろう。

チャーハンづくりには、それなりに手間と時間がかかる。店で半チャンラーメンのセットを頼んだとき、ラーメンのほうが先にきて、半チャンがくる

時間とコストの合理化が「半チャン」の逆風に

ラーメンと同時進行でチャーハンもつくるため、提供に時間差が生じやすい。チャーハンのための食材をそろえる手間も必要になる

チャーシュー丼は作り置きしてあるチャーシューを盛りつけるだけなので、作り手の負担とコストを減らせる

のがずっと後だったという経験をした方もきっといることだろう。半チャンを提供するのに時間がかかるようでは、店の回転率は悪くなる。

さらに、チャーハンをメニューに入れるからには、ニンジンやタマネギなどの食材を調達しなければならない。これらの食材はチャーハン専用であって、ラーメンには使い回しできないから、合理的でない。

ラーメン専門店がチャーハンの代わりにチャーシュー丼を置くのも、すでにラーメンのためにチャーシューを作り置きしているからだ。チャーシュー丼のためにチャーシューをつくっているわけではなく、茶碗にご飯をよそい、そこにチャーシューを盛りつけるだけだから、手間もかからない。

結局のところ、いまどき半チャンを提供できる店というのは、家族経営のような、厨房（ちゅうぼう）に人数の多い店だ。ラーメン担当とチャーハンや餃子、炒めもの担当が分かれているような店なら、半チャンは手間ではない。

ただ、そうした家族経営の店は少なくなっているから、将来、ラーメン店では、半チャンラーメンはそうそう食べられなくなるかもしれない。

なぜ、ハラミは焼き肉店の主役格に出世できた？

ハラミといえば、焼き肉店にあって、カルビ、ロースに次ぐ人気メニューである。カルビより高い特上ハラミも売られているほどだが、じつは昭和の時代、焼き肉店にハラミのメニューはそうはなかった。関西の一部の焼き肉店や精肉店で売られていても、東京の有名な焼き肉店ではほとんど扱っていなかったのだ。

昭和の時代を通じて、ハラミが全国的に無名だったのは、ホルモンとして扱われていたからだ。ハラミとは横隔膜（おうかくまく）であり、ミノやセンマイ、マメ、テッチャンなどと同列のホルモンである。

日本では、肉とホルモンは流通の経路が違う。肉の流通ルートにホルモンがのることはそうはなかったから、ふつうの焼き肉店や精肉店でハラミが扱われることもなかったのだ。

いまでもハラミを置いていないスーパーマーケットがあるのは、こうした流通経路の事情による。昭和の時代、ミノやテッチャンを扱っている焼き肉店や精肉店なら、ハラミも求めることができたのである。

無名だったハラミが全国区になるのは、平成の狂牛病騒動によってである。２００１年、日本国内で初の狂牛病感染が明らかになって以降、牛肉の流通事情は大きく変わった。

同じく狂牛病が発生したアメリカからの安い牛肉輸入が途絶（とだ）えると、食品業界は困惑した。牛丼チェーンが牛丼の値上げに踏み切り、牛丼に代わるメニューとして豚丼を売り出しにかかったのも、この時代だ。

アメリカからの牛肉輸入が途絶えたことで、焼き肉店も新たに安くておいしい肉がないかを探しはじめた。そして、行き着いたのがハラミだったのだ。それまで、ハラミはカルビやロースなどの肉よりもずっと安かった。安いのに、じつは食べてみればうまい。内臓っぽさもない。焼き肉店がハラミを扱いはじめるや、客もそのうまさに気づいた。こうしてハラミは真価を認められ、しだいにカルビやロースに迫る地位を築いていったのだ。

ハラミと同じように、いま地位を上昇させているのが、サガリだ。サガリは肋骨付近の肉であり、これもホルモンとして扱われてきた。サガリも安価だから、ステーキ店はサガリ肉ステーキを安く売り出しているのだ。

不景気には激辛スナックが売れ、スイーツに人が群がるって?!

新型コロナウイルス禍は、世の中を不景気にしている。その不景気は、もしかしたらさらに長くつづくかもしれないが、そんな時代に売れるのが激辛スナックとスイーツだという仮説がある。

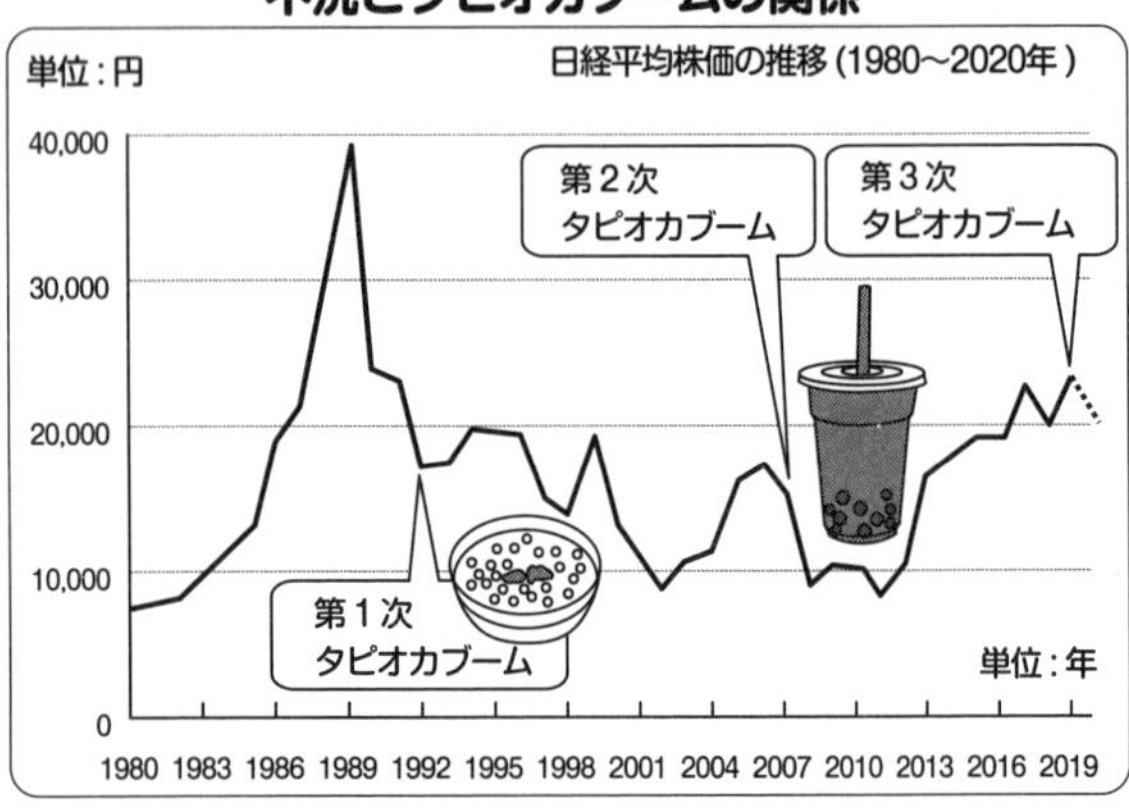

じっさい、仮説を補(おぎな)うだけのファクトもある。たとえば、タピオカだ。タピオカブームは、これまで3度あった。第1次ブームは１９９２年にはじまり、第2次ブームは２００８年から、第3次ブームは２０１８年からだ。

第1次ブームの起きた１９９２年といえば、日本のバブルが崩壊して間もない年であり、以後、日本の経済成長は止まる。第2次ブームのはじまる２００８年は、リーマンショックの年であり、日本経済は奈落を見た。

そして、第3次ブームのはじまる２０１８年、日本経済は回復基調にあったが、２０１９年に消費増税、２０２

0年の新型コロナ禍でまたも悪化する。そこから「不況になるとタピオカが流行(はや)る」のではなく、「タピオカが流行ると不況になる」という説もある。

振り返ってみれば、不況の時代でもあった平成の世は、タピオカ以外にもスイーツが日本でブームを起こした時代でもあった。

平成のスイーツブームは、「ティラミス」からはじまる。そして、「クリームブリュレ」「パンナコッタ」が大人気となり、「ナタデココ」がつづいた。デフレが定着するころには、「カヌレ」「クイニーアマン」「エッグタルト」「マンゴープリン」が人気となった。

平成のデパ地下にはスイーツが溢(あふ)れ、これまでスイーツに興味を持たなかった男性たちのなかからも「スイーツ男子」が登場した。不況に沈みつづけた平成の時代は、スイーツが日本に深く広く定着した時代でもあったのだ。

また、激辛食品にかんしては、湖池屋のポテトチップス「カラムーチョ」がひとつの指標になっているとされる。景況感が悪化していくと、「カラムーチョ」が売れるのだ。

現実にバブル崩壊時やリーマンショック時、カラムーチョの消費は伸びているのだから、激辛食品と景気は関係がありそうだ。

カラムーチョ以外にも、デフレの時代であった平成で流行り、定着した食べ物がある。たとえば、激辛担々麺、スパイスカレーなどであり、いずれも辛い食い物だ。

なぜ、不景気時にスイーツが売れるかについては、つぎのような仮説がある。景気後退局面に差しかかったとき、客の懐はすぐに苦しくなるわけではない。フレンチやイタリアンに行くといった贅沢はできなくなるものの、じつはまだ少しだけ余裕がある。そのわずかな余裕がスイーツに向けられたというのだ。スイーツには、心地よい甘さがある。その甘さに浸っている時間、苦しくなっていく現実を忘れられるのだ。

いっぽう、なぜ不景気になると激辛食品が売れるかについては、ストレスの発散のためではないかという説がある。

辛いものを食べると、脳内ではエンドルフィンやドーパミンといった神経伝達物質が分泌される。辛さによる痛みを和らげるためなのだが、こうした神経伝達物質は脳に快感を与える。辛いものを食べれば食べるほど快感に浸り、つらい現実を忘れられるし、ストレスも発散できるのだ。あるいは、不景気になると家飲みが多くなり、激辛スナックの需要が増えるからではないかという説もある。

いずれにせよ、スイーツや激辛食品が流行る時代は、日本人にとって逆境の時代ともいえる。

昭和の喫茶店にくらべて、令和のカフェのメニューが少ない事情

カフェで食事をしようとすると、おのずと選択肢はかぎられてくる。カレーやハンバーグかパスタ、あるいはロコモコ丼といったところだ。

いまどきのカフェの食事メニューが少ないのは、無駄を省くためである。そんなに売れそうもない品もメニューに入れておくと、そのための食材は冷蔵庫のなかに入ったままで傷んでしまう。原価率を上げないためにも、カフェでは食事メニューを売れる品のみにかぎっているから、どうしてもメニューが少ないのだ。

それは、昭和以来の食堂や喫茶店とは対照的だ。昭和のスタイルを持つ喫茶店には、「喫茶食堂」といっていいくらいメニューが豊富な店が少なくない。定食類から各種丼もの、カレー、チャーハン、オムライス、チキンライス、ラーメン、うどん、蕎麦（そば）、スパゲッティ、焼きそば、サンドイッチ、おにぎり、さらにはかき氷までさまざまなメニューがそろっている。

丼ものにしろ、定番のカツ丼、親子丼のみならず、ソースカツ丼、味噌カツ丼、タレカツ丼、他人丼、木の葉丼、焼き肉丼といったところまで備えている喫茶店もある。

　昭和の喫茶食堂のメニューがじつに多彩なのは、数十年という歳月（としつき）を経（へ）てきたからだ。その長い歳月のなか、流行を採り入れ、客の要望を聞き、メニューを少しずつ増やしていたら、いつのまにか多彩なメニューになっていたのだ。

　ただ、喫茶食堂では、店主の多くが高齢化している。もし、体調を崩して閉店となれば、素晴らしき昭和の喫茶食堂文化は終わりとなる。もはやメニューの多い喫茶店や食堂は、天然記念物のような存在なのかもしれない。

なぜ、地方都市には高級中華料理店が少ない？

大都市と地方都市の飲食店の分布で、もっとも大きな差があることのひとつに、高級中華料理店がある。

大都市の場合、高級中華料理店はホテルやビルのなか、あるいは単独で存在し、たまの贅沢を楽しむ、ひとつの場となっている。

いっぽう、地方都市に行くと、高級中華料理店をそうは見かけない。高級和食店や高級フレンチはあっても、高級中華店は少ないのだ。

地方都市に高級中華料理店がないのは、「中華料理＝安い」という認識が強いからだ。地方都市の多くの住人にとって、中華料理といえば「街中華」である。いわば街なかの大衆中華料理店であり、ずいぶん日本化した中華料理店だ。

そこではラーメンやから揚げ、餃子、チャーハン、酢豚、八宝菜、野菜炒めなど大衆向け料理がメニューとなっている。街中華は、ふだん使いで気楽に食べられる店であり、地方都市の住人には「中華料理＝街中華＝安くておいしい」というイメージができあがっているのだ。

だから、高級中華料理店は地方で開業しにくい。かならず中華料理店を入れている高級ホテルチェーンであっても、地方のホテルにまで高級中華料理店を入れるのはちゅうちょするところだ。

都会で高級中華料理店が成り立つのは、人口が多いゆえの多様性がひとつの理由だろう。もうひとつは、横浜や神戸の中華街の存在だ。中華街に行けば、安い中華料理店があるいっぽうで、高い中華料理店もある。

高級中華料理店には、ラーメンや餃子がメニューにない店があったり、フカヒレスープや海鮮料理などが主力メニューであったりすることを、客もなんとなく知っている。中華料理には安い料理だけでなく、高級中華もあるということをわかっている人が多いから、都会では高級中華料理店が成り立ちやすいのだ。

同じような理由で、地方で成功しにくいのが高級イタリアンだ。地方都市で成功している高級イタリアンもあるが、その数は多いとはいえない。

地方で高級イタリアンが難しいのは、地方都市の住人に「イタリアン＝パスタ店＝大衆的」のイメージが強いからだ。地方都市でもパスタ店は人気だし、チェーン系の店も展開している。パスタは気軽に食べることができて、しかもそれほど高くはない。

ところが高級イタリアンは、前菜・パスタ・魚料理・肉料理・ドルチェ（デザート）というメニューになっていて、「イタリアン＝パスタ店＝大衆的」というイメージからはずいぶん外れる。その落差感から、地方都市では高級イタリアンは成功しにくいのだ。

「フレンチ大国」日本なのに、フレンチレストランが減っている！

日本は世界屈指の「フレンチ大国」になったといわれる。『ミシュラン』の評価にもとづくなら、東京で1つ星以上を獲得しているフレンチは、40軒を超える。イノベーティブ（革新的）というスタイルを含めるなら、50軒以上だ。大阪でも、1つ星以上を獲得しているフレンチは、10軒を超える。

これは、本場フランスに次ぐ星の獲得状況である。フレンチで星をもっとも獲得している都市はパリであり、東京はこれにつづいている。日本の地方都市やリゾート地にもミシュランの１つ星以上を獲得しているフレンチがあることを考えるなら、日本は世界で２番目の「フレンチ大国」になっているといっていい。

ただ、そのいっぽうで、日本のフレンチレストランは減少の傾向にある。とくに地方都市で顕著だ。確かに地方都市でも、ディナーが５０００〜１万円のフレンチは成り立っている。新たに開業して成功する店もあるが、それでも地方都市では減少に転じているのだ。

日本が、フレンチの軒数を減らしながらも「フレンチ大国」となっていったのは、日本人のなかにフレンチがすっかり定着し、支持されている表れだろう。日本人は伝統的な和食を愛すると同時に、フレンチにも愛着を持ち、ときめくようなフレンチを求めるようになったのだ。

そこには、日本人が魚食中心から肉食中心へと転換し、味噌、醤油のうま味のみならず、脂とバター、塩のもたらすうま味を覚えてきた背景がある。

たまに贅沢をするとき、昭和の時代は多くが高級日本料理であった。ただ、昭和の終わりごろから、大衆はフレンチの味を覚えはじめたし、肉と脂、バターのうまさを知った。こうして日本人の味覚が変化していったとき、淡泊で繊細(せんさい)な高級日本料理と同時に、洗練されたフレンチが選択肢に入るようになったのだ。

もうひとつ、フレンチにはワインがつきものであるということも大きい。たまの贅沢をするとき、日本酒で楽しむ高級和食店よりも、ワインのあるフレンチのほうがゴージャス感がある。それもあって、日本ではフレンチは定着しているのだ。

現在、日本のフレンチレストランは、人気店ほど「日本化」する傾向にもある。塩やバターの使用を控えめにして、素材の味を最大限に味わってもらおうとしているフレンチが人気なのだ。

品数も、日本の懐石(かいせき)のように10品前後を出すフレンチレストランまで登場している。

なぜ、いまどきの高級フレンチには ア・ラ・カルトがない？

高級フレンチを予約するとき、店から「いくらのコースにしましょうか？」と聞かれることが少なくない。

たとえば、８０００円のコースと1万２０００円のコースがあり、どちらにするかを決めるよう求められる。あるいは、１種類のコースのみという店もある。要は、高級和食店と同じような「メニューお任せ方式」となっているのだ。これにより、客は当日、レストランの席に座ってはじめて、どんな料理が出てくるのかを知ることになる。

平成まで、高級フレンチであれ、中級フレンチであれ、店はメニューブックを用意していた。メニューブックにはいくつかのコースが書かれているうえ、ア・ラ・カルトのある店も多かった。客はア・ラ・カルトを組み合わせて楽しむこともあれば、コースでお任せということもできた。

あるいは、プリフィックス・メニューを用意するフレンチもあった。プリフィックス・メニューでは、ひとつのコースのなかで、その中身を自由に選択できるようになっている。たとえば、5000円のプリフィックス・メニューの場合、前菜をテリーヌにするかサーモンのサラダにするか、魚はタイのソテーかブイヤベースか、肉は豚肉か鴨肉かなどと、客は好みに応じて選ぶことができた。

けれども、平成の終わりごろから、ア・ラ・カルトのある店、プリフィックス・メニューのある店は減ってしまっている。とくに新たに開店したフレンチの場合、ア・ラ・カルトもプリフィックス・メニューもなく、予約時にコースを決めてもらい、メニューは任せてもらうというスタイルにしている店が少なくない。

ア・ラ・カルトもプリフィックス・メニューも用意しないのは、ひとつには新鮮な素材を客に提供したいからだ。と同時に、無駄なコストを削減して、利益を確保するためである。

ア・ラ・カルトやプリフィックス・メニューでは、客に人気がない一品の素材は冷蔵庫のなかで眠ったままになる。とくに魚はすぐに鮮度が落ちる。

鮮度の落ちた魚料理を提供したなら、当然その味も落ち、店の評判に響く。鮮度の落ちた食材を使わないとなれば廃棄するしかなく、それはコストを増大させる。

こう考えていくと、ア・ラ・カルトやプリフィックスメニューをつくらないほうが、レストランの品質の維持と向上にもつながるのだ。無駄な廃棄をする必要もないから、経営もラクになる。

予約時に客にコースを決めてもらうのも、その延長線上にある。事前予約のお任せスタイルにしておくなら、必要な食材を客数分だけそろえればよく、まったく無駄がない。もともとこうした発想は、新鮮な魚や野菜を使うことを身上（しんじょう）とする高級和食店のものだったが、いまどきの高級フレンチはこれを取りこんだのだ。

それは、フレンチの可能性を広げてもいる。従来のフレンチでは、前菜・魚・肉・デセール（デザート）のコース仕立てが相場であった。けれども、必要な素材を必要なだけ集めていくのなら、そこに「遊び」が生まれたりする。野菜料理や貝料理、変わった魚介料理、フォアグラ料理なども取りこみ、

「ア・ラ・カルトなし」のメリットとデメリット

ア・ラ・カルトなしのメリット

料理の廃棄ロス、食材のロスを減らすことができ、合理的な経営が可能に

ア・ラ・カルトなしのデメリット

客が自由にメニューを組み合わせることができず、「楽しみ」が減る。シェフによる創意工夫が望めなくなる恐れも…

10品くらいのコース仕立ても可能になり、客にとって新鮮な驚きとなる。

もうひとつ、事前に客にコースを決めてもらうのは、評判を高めるためだろう。近年のミシュランは、事前予約&お任せスタイルのフレンチを高評価する傾向にある。

つまり、新鮮な素材が使われ、多彩なコース仕立てになっているのなら、開業してまもないフレンチでも、ミシュランの評価を得やすいわけだ。

ただ、それはメニューを自分で決めるという客の楽しみのひとつを奪うものでもあれば、シェフの可能性を狭(せば)めるものともなりかねない。シェフが、あらかじめ決まったメニューを順番に出せば儲かると考えれば、新たな食材や調理法に挑戦する意欲が失われていくという落とし穴も待っているのだ。

ボジョレー・ヌーヴォー人気が日本で廃れないのは、なぜ？

平成のひところほどではなくなったが、令和になっても、日本人に人気なのがボジョレー・ヌーヴォーだ。

毎年11月の第3木曜日は、ボジョレー・ヌーヴォーの解禁日となっていて、この日にボジョレー・ヌーヴォーのボトルを空ける日本人はいまだ少なくない。ワイン店にすれば、クリスマスとともにワインがもっとも売れる日になっているという。

いかに日本で人気なのかは数字が示している。日本はボジョレー・ヌーヴォーがもっとも消費される国であり、ダントツの首位だ。ボジョレー・ヌーヴォーのおよそ半分は、日本で消費されているくらいだ。

日本でボジョレー・ヌーヴォーが人気でありつづけているのは、さまざまな事情からだろう。ひとつには、日本人の初物好きと舶来好きである。

「ヌーヴォー」とは、新酒のことだ。そして、フランス・ブルゴーニュ地方のボジョレー地区の新酒がボジョレー・ヌーヴォーである。実質の新酒はほかにも数多くあるが、ボジョレー地区のワインのみ「新酒（ヌーヴォー）」と名乗っていいと認められている。

初物好きなところは、世界の住人たちにも似たところがある。1970年代あたりからパリでボジョレー・ヌーヴォーの人気が高まり、つづいてアメリカでも人気となった。

それを見ていたのが、1980年代に経済大国となっていた日本である。日本人は大の初物好きでもあれば、パリやアメリカで流行ったものを大歓迎する舶来好きでもある。日本にも派手に輸入されるようになると、ひとつのファッションとしてボジョレー・ヌーヴォー人気が広まった。

解禁日である11月の第3木曜日に、最初に飲むことができるのは、時差の関係から日本である。パリはそのあと、ニューヨークはもっとあとだ。日本人は世界でいちばん早くにボジョレー・ヌーヴォーを飲めるという初物意識に酔い、ボジョレー・ヌーヴォー好きにもなったのだ。

さらに、当初は日本人がワインについて、さほど詳しくなかったことも手伝った。日本人はワインに憧れを持っていても、どのワインを飲めばいいかという知識に乏しかった。

そこにボジョレー・ヌーヴォーの登場と広がりである。多くの日本人が、ともかくボジョレー・ヌーヴォーさえ飲んでおけば、ワインの世界がわかるだろうと考えたのだ。

そして、平成を通じて、日本人もワインの味がわかるようになり、ボジョレー・ヌーヴォー以上においしいワインがいくらでもあることを知りはじめた。そのため、現在のボジョレー・ヌーヴォーの消費量は、全盛期の半分以下に落ちている。それでも、日本人は世界でもっともたくさんの量を飲みつづけているという現実もあるのだ。

そこには、日本人とボジョレー・ヌーヴォーの相性のよさがある。ボジョレー・ヌーヴォーには、素朴な果実味や「出汁」に通じるうま味があり、それは、和食を食べてきた日本人の舌にも合った。日本人の食の世界にすんなりと溶けこんでいるのだ。

もともと日本人には、ワインに「出汁」に通じるうま味を求める傾向がある。ガメイという種から造られるボジョレー・ヌーボーには、ほかの地域のワイン以上に「うま味」があり、日本人受けしたのだ。

なぜ、ワイン好きの日本人はシャブリを選ぶことが多い？

ボジョレー・ヌーヴォーとともに、日本人が好きなワインにシャブリがある。シャブリは白ワインであり、フランス・ブルゴーニュ地方において、ブドウの一品種「シャルドネ」から生み出されるワインだ。

日本におけるブルゴーニュワインの消費量のおよそ4割がシャブリといわれており、それは本場フランス以上の量ともいわれる。

シャブリは世界じゅうで人気があり、万人受けする。「ドイツの白ワインは甘いから、ちょっと……」という人でも、シャブリはスッキリしているから、とっつきやすい。

しかもシャブリには、牡蠣と相性がいいという説もある。そこから魚介好きの日本人はシャブリに注目し、白ワインならことさらにシャブリを飲むようになったのだ。

と同時に、シャブリは選びやすい銘柄である。ブルゴーニュの白ワインといっても、シャブリ以外は選びにくい。ブルゴーニュの白ワインには「ブルゴーニュ」と記されているものもあれば、「シャサーニュ・モンラッシェ」「ムルソー」「サン・トーバン」などと村の名で書かれているワインもあり、よほど詳しくないかぎり、ややこしくて選びにくい。

いっぽう、「シャブリ」のコーナーを探すなら、シャブリと名のつくワインは多くある。そのなかから適当に選んでもいいのだから、シャブリは日本人にとって選びやすいワインであり、ゆえに人気があるのだ。

もちろん、最近の日本人はシャブリ以外においしい白ワインがあることもわかってきた。だから、シャブリ以外のワインにも手を広げつつあるが、それでもなお、シャブリと日本人の関係は深いものがあるのだ。

なぜ、温泉旅館の夕食では一人鍋や陶板焼きが定番になった？

温泉旅館の売りといえば、温泉とともに豪華な料理である。地元の海の幸、山の幸を多々ふるまうことで、客を引き寄せなくてはならない。

その温泉旅館で定番のようになっているのが、一人鍋料理や陶板焼き。あるいは、土鍋で炊く炊き込みご飯や混ぜご飯などの「変わりご飯」といったところだ。

そこには、地元の名物食材をできるだけコストをかけず、かつ豪華に見せつつ提供しようという旅館側の意識と工夫がある。

旅館が料理に回せる原価はおよそ15～20パーセントといわれる。1泊2食で2万円の温泉旅館なら、3000～4000円が食費の原価であり、夕食に使えるのはおよそ2000～3000円の計算になる。

その予算内で、地元の名物牛や名物の魚介、野菜、キノコ類を提供しなければならない。そんななか、メインとなる一人鍋、陶板焼きなら、名物素材をわりと低い原価で出せるのだ。

鍋料理、陶板焼きに投入されるのは、地元のブランド牛であることが多い。地元のもっとも豪華な食材をここで使うのだが、ポイントは鍋料理、陶板焼きを1人用のコンロで客にセルフで食べさせるところだ。

1人用のコンロを使った鍋や陶板焼きは、じつのところ見栄え（みば）がよい。1人用鍋というのは、それほど大きくはないから、大鍋に入れたら小さく見える肉でも、1人用の小鍋に入れたら、相対的にわりと大きく見える。だから、肉の量を少なくできるのだ。

さらに、肉の周囲に野菜やキノコを盛りつければ、鍋の隙間を埋めることにもなるし、その野菜やキノコも地元名産のものであるならば、客にとっては単なる添え物ではなく、これも山の幸のひとつとも解釈して納得してくれるだろう。

じっさいのところ、超豪華旅館の陶板焼きで牛肉がたった2切れだったたといったケースもある。それでも、客はなんとなく満足してしまうのだ。

ひとつには、ご飯を提供する前のメイン料理として提供しているからだ。

すでに客は刺身や天ぷらまでも食べて、かなりお腹いっぱいになっている。だから、たった2切れの牛肉でも少ないとは感じにくい。

さらに、客にセルフで焼かせることもポイントだ。焼き肉屋でみずから焼いた肉をことさらにおいしく感じるように、旅館でも自分で焼いた肉なら格別においしいと思ってしまうのだ。

ご飯を出すときに、1人用コンロの土鍋で変わりご飯を炊いてみせるのも、その延長線上にある。

土鍋に入れる具材は、地元の名物の魚介やキノコといったところが多い。ただ、変わりご飯の量の主役はあくまで米。魚介やキノコは出汁のようなものだから、少ない量で済む。これまた、地元の名物素材をできるだけ少なく使いながら、客を満足させるしくみになっている。

一人鍋、陶板焼き、土鍋ご飯のいいところは、旅館側に手間がさほどかからないところにもある。いずれも、盛りつけたものを事前にテーブルに置いておき、食事の途中で仲居が燃料に火を点けるだけでいい。

あとは、客が勝手にやってくれるから、夕食というもっとも忙しい時間帯

温泉旅館が一人鍋を出す理由

客側のメリット
・一品の量が少なくても満足できる
・自分で調理して食べられる
→旅館に対する印象がアップする！
旅館側のメリット
・食材を大きく見せることができる
→食材の原価を減らせる
・客に調理してもらうことができる
→人件費のコストをカットできる

に人手をかけずに済むのだ。儲けのいいアルコールの注文を、待たせることなくすぐに受けられるのだから、売り上げは上がる。

ちなみに、都市の高級和食店で一人鍋を出す店はそれほどない。高級和食店の概念に一人鍋がないのだ。

フグやカニの鍋料理を出す高級店なら、大鍋で出す。そのほうが出汁がよく出て味わい深くなるからだ。もちろん大鍋に負けないような、大きな素材を提供する。

温泉旅館の一人鍋は、コスト意識のなかから生まれた必殺の変化球ともいえるのだ。

ホテル客室のミニバーから飲み物が消えた理由

いまどきのホテルでは、客室内のミニバーが空っぽになっていることが少なくない。客室内にある冷蔵庫にまったく飲み物を置かず、客が欲しければ、自分で調達してきて冷蔵庫に入れておくというあり方だ。

ひところまで、高級ホテルからビジネスホテルまで、客室冷蔵庫のなかには飲み物やスナックが詰まっていた。飲み物は市中で買うよりもずっと高い値段であったが、客はこれを買っていた。

それは、ホテルにとっていい儲けであったはずなのに、少なからぬホテルはミニバーの儲けを放棄してしまったのだ。

これには、さまざまな事情が絡(から)んでいる。ひとつには、ホテルの周辺にコンビニエンスストアがいくらでもあることだ。なかには、大型ホテルのなかにコンビニが入っていることもあれば、ホテルが入居しているビルの1階や地下にコンビニが出店していることもある。

すぐ近くにコンビニがあるのだから、多くの客は割高なミニバーを使わず、コンビニで飲み物を調達し、客室の冷蔵庫のなかに入れておくわけだ。

じつのところ、ミニバーの維持にはコストと手間がかかっている。スタッフは、ミニバー内に賞味期限切れが迫った飲み物やスナックがあるかどうかをつねにチェックしなければならない。賞味期限切れの品が見つかれば、これを廃棄しなければならないから、コストに響く。

また、ミニバーの精算は、ホテルにとっても客にとっても時間のロスであるうえ、トラブルのもとだ。客はミニバーを使ったかどうかを伝票に書き入れるか、フロントに口頭で申告しなければならない。あるいは、スタッフがミニバーを使ったかどうかを客室に確認に来る。

これだけでも、時間の無駄だ。さらに使った覚えのないミニバーの請求をされた場合、ホテルのフロントと客はトラブルにもなり、チェックアウト時間は長引く。

そこまで考えるなら、もうわざわざ冷蔵庫のなかに飲み物を置いておく必要はない。ミニバーを用意しないほうが、ホテルと客はずっとすっきりした関係になれるのだ。

近年は、冷蔵庫を空っぽにしておくのではなく、冷蔵庫の飲み物を無料にするホテルもある。たいていはソフトドリンク数本だが、このドリンク無料サービスはホテルにとって、売りになる。

客はおもてなしを受けたような気分になり、そのホテルによい印象を持つから、リピーターにもなりやすい。飲み物無料はホテルの出血サービスに見えるかもしれないが、ホテルも然るもの、たいていは宿泊料金のなかで回収できるようにしているはずだ。

ズワイガニの価格はなぜ、驚くほど高騰してしまった？

２０２１年の暮れ、日本ではズワイガニの高騰が話題になった。値段が例年の５倍以上にもなってしまったのだ。

２０２１年暮れの高騰はカニ漁獲量の大きな減少によるが、10年近く前からカニ価格の上昇はつづいていた。価格を上げていたのは、カニの生態によるもののみではない。じつは、ロシア情勢が価格に影響を与えていたのだ。

ひところ、日本には大量のロシア産マツバガニが出回り、カニ価格を押し下げていた。ロシア産マツバガニの品質はよく、鮮度がすぐに落ちない。国産の高めのマツバガニの腹は翌日には黒ずんでくるのに、同じ大きさ以上で、それも安めのロシア産マツバガニの腹は翌日も白いままであり、脚をピクピク動かしているものもあるほどだ。

そのロシア産マツバガニだが、じつはチェチェン・マフィアの資金源になっていたといわれる。チェチェン人は、長くロシアの支配に抵抗しつづけ、モスクワでのテロも辞さない。そんな彼らにとって、ひとつの資金源となっていたのが、マツバガニの日本輸出であった。彼らは、マツバガニを日本に密輸し、これが日本国内に大量に出回っていたのだ。

彼らの輸出するマツバガニは、密輸であることから、少しくらい安くてもかまわなかった。チェチェン・マフィアによるカニ密輸は、ロシアの定めるカニの漁獲枠を上回る量だったともいわれる。

けれども、ロシア政府がチェチェン・マフィアによるマツバガニ密輸の実態を把握し、密輸対策に乗り出した。2014年、ロシア政府はカニの密漁・密輸対策に対する協定を発効する。日本の業者は、ロシア政府が認めた証書付きのマツバガニでないと取引できなくなった。

これにより、ロシアからのカニの輸入量は10分の1に減少した。以後、日本におけるマツバガニの価格は上昇をつづけることになったのだ。

ロシアからの輸入の減少によって、日本各地で起きたのはマツバガニの高級ブランド化である。一定以上の大きさのマツバガニには生産地のタグを付けて、これにより高級ブランドカニとして高く売ろうとしはじめたのだ。

生産者側がマツバガニを高く売ろうとしはじめたこと、そして2022年2月に勃発したロシアのウクライナ侵攻の影響もあって、カニ価格が下降することはもはや望み薄のようだ。

高級カマボコはなぜ、正月くらいしか見なくなった？

カマボコの値段は、ピンとキリの世界である。1000円を超える高級カマボコもあれば、100円程度の安いカマボコもある。ふだん店でよく見かけ、口にしているのは、安いカマボコのほうだ。

カマボコの値段がピンキリなのは、ひとつには素材の差である。上質な白身魚を使うか、それとも余っていた魚を使うかの差である。昔ながらのカマボコ店には、よい素材が入った日にしかカマボコをつくらないという矜持（きょうじ）があったのだ。

もうひとつ、職人の腕によるか、機械がつくるかの差もある。職人の手によるなら、独得のむちっとした食感や、うま味が生まれ、これが高級カマボコとなる。職人の腕が加わっているのだから、当然、値段は高くなるのだ。

いっぽう、安いカマボコの場合、機械で生産している。そこには徹底したコスト意識があり、人件費を抑えることで、安いカマボコが店頭にならぶわけだ。

ただ、高級カマボコは、正月を除いて、いまやあまり見かけなくなっている。高級カマボコの数が大きく減ったのは、需要の減少が大きい。

昭和のひところまで、高級カマボコは結婚式、お祝いの日などハレの日の食べ物として欠かせなかった。

ただ、日本が経済成長を果たし、肉や魚を当たり前に口にするようになると、わざわざカマボコを食べる必要もなくなる。弁当のおかずにカマボコは使われても、結婚式に高級カマボコは要らなくなってきたのだ。

高級カマボコが姿を消しつつあるのは、消費期限が短いからでもある。カマボコのことを保存食品のように思っている人もいるかもしれないが、それは勘違いだ。確かに安いカマボコには添加物が使われているから、わりと長持ちする。

いっぽう、高級カマボコは基本的に添加物を使用しない。原材料は魚と調味料のみだから、その消費期限は焼き魚や煮魚と同じ程度である。高級カマボコは、どうしても数日で品質が悪くなってしまうものなのだ。

日持ちがしないということで、消費者にとっては使い勝手が悪く、高級カマボコの需要は減っていった。いまでは、正月の食べ物というくらいになっている。

和食に欠かせない鰹節を「輸入」している日本

鰹節といえば、日本料理に欠かせない。鰹節からとれる出汁こそは日本料理の基本であり、鰹節があるからこそ、日本料理は世界でも独得の世界を築くことができたといえる。

その鰹節だが、じつは日本のみが生産国ではない。海外でも鰹節が生産されており、日本に輸出されているのだ。

日本における鰹節の消費量は、年間3万5000トンから4万トン。海外から日本が輸入している鰹節は、年間4000トンから5000トン台であり、日本人が消費する鰹節のおよそ1割以上は、輸入ものだ。

鰹節を生産し、日本へと輸出している国には、インドネシア、フィリピン、ベトナム、モルディブ、中国などがある。なかでも、フィリピンとインドネシアが多い。

これらの国では、近海にカツオが泳ぎ、しかも水温が高いため、カツオの脂が少ない。脂の少なさはよい鰹節の条件であり、海外産の鰹節は国産に引けを取らないとされる。輸入鰹節は、おもにだしの素、つゆの製造に使われている。

そもそも日本のカツオ漁は、大型船で南の海に向かうことが多い。それは大きなコストとなるのだが、フィリピンやベトナムでは近海にカツオが棲息しているので、中型船で漁ができるメリットがあるのだ。

また、モルディブにはもともと鰹節を食べる習慣がある。モルディブでは鰹節を細かく砕いたり、スライスしてカレーやスープに投入しているのだ。

鰹節にかんしては、輸入はあるものの、輸出は難しい。海外では和食が人気だというのに、和食に欠かせない鰹節の輸出には障壁（しょうへき）があるのだ。

その理由のひとつは、鰹節から発ガン性物質が発生するというもの。鰹節の製造には、薪（まき）を焚いた煙でカツオをいぶす工程が欠かせないのだが、この過程で発ガン性物質が発生するという。

日本では健康に影響はない量とされるが、一部の国々では安全基準値を上回る量とされているのだ。そのため、日本産の鰹節は海外で受け入れられないのである。

10年後、生き残っている酒蔵は1000軒を下回るって本当？

平成の半ばから、日本酒は新時代になったといわれた。飲み口のいい、すっきりとした、しかも柔らかい日本酒が人気を博しはじめたのだ。山形県の高木酒造の「十四代」、秋田県の新政酒造の「Ｎｏ．６」、三重県の木屋正酒造の「而今」、福島県の廣木酒造本店の「飛露喜」などは新時代のスターだ。日本酒の世界は新たな層を惹きつけはじめているが、じつのところ、それはごくひと握りの話にすぎない。日本酒の世界全体を見るなら、長期衰退がつづき、さらなる衰退は避けられないのだ。

現在、日本酒の世界には１４００軒程度の酒蔵があるとされる。それは、大きく数を減らしてきた結果だ。

昭和の初期、酒蔵は７０００くらいあったという。それが数を減らし、平成だけでも８００程度の酒蔵が消滅してしまっているのだ。平成15年から平成29年のあいだでも450以上の酒蔵が消滅しているから、1年間に30前後の酒蔵が消え去っている計算になる。

この減少傾向が、令和になって終わるとはとうてい考えられない。日本人の日本酒離れが、かなりのものになっているからだ。

日本人が日本酒から離れていったのには、さまざまな理由が絡んでいる。もっとも大きい理由は、ビール、焼酎、サワー、ワイン、ウイスキーと、アルコールの選択肢が増えたことだ。アルコールの選択肢が増えるごとに、日本酒は市場を失うしかなかった。

しかも、日本酒には、好みもあるだろうが、「おいしくない酒」が存在することも大きい。かつて日本酒しかなかった時代、日本酒であれば何でも売れた。その記憶が強く残っている酒蔵には、こだわりをさほど持たず、品質の向上にも努めないところがあるという。

そこに、酒店の問題も絡んでくる。品質の高い日本酒は、高温に弱い。そのことを理解している酒店は、酒を冷蔵庫で管理しているし、酒蔵はそのような店を信頼している。

ところが、いまなお吟醸酒クラスでも常温で棚に置く酒店もある。よい日本酒であっても、常温では劣化しやすく、その酒店で買った客は「まずい日本酒」を飲むことにもなりかねない。若者がそんな日本酒を飲めば、「日本酒＝まずい」というイメージを持ち、日本酒を嫌うようになるだろう。

もうひとつ、日本酒には「テロワール（ワインにおけるブドウ畑を取り巻く自然環境要因）」の反映に乏しいことが挙げられる。

たとえば、フランスのブルゴーニュワインの場合、酒蔵のトップみずからが畑仕事に精を出し、醸造の指揮をとる。自分の畑の特徴や、その年の気候までをワインに表現しようとしているからだ。

そんな意識のある日本酒の酒蔵が、いまどれだけあるだろうか。その地域なり、酒造米の田んぼなりの「テロワール」がしっかり反映されているおいしい酒が造られれば、日本酒ファンは飛びつくと思うのだが……。

令和になっても、日本酒の消費量は減少している。今後も年間30軒ペースでの酒蔵の消滅がつづいても不思議ではなく、2035年ごろには酒蔵が1000を割ってもおかしくないのだ。

今後、日本酒の世界で生き残れるのは、「おいしい日本酒」を造ろうと努力し、その努力がつづけられる酒蔵だろう。この先、日本酒の世界は、ますます二極分化していく。いま人気の酒蔵でも、べつの酒蔵で新たな改革者が登場すれば、陳腐（ちんぷ）化することだってあるのだ。

将来、たこ焼きは庶民の味ではなくなるかもしれない?!

たこ焼きといえば、庶民の食べ物として人気がある。たこ焼き店は、成功を期待できる「坪ビジネス」のひとつだ。

ただ、近い将来、たこ焼きは庶民の味ではなくなり、坪ビジネスとしても成り立たなくなる可能性がある。

このところ、原料となるタコの価格が上がりつづけているからだ。たこ焼き店が使うタコの多くは国産ではない。価格の安いアフリカのモーリタニア産やモロッコ産のタコに頼っている。そのモーリタニア産やモロッコ産のタコの漁獲がこのところ落ちこみ、タコ価格を高騰させているのだ。

日本で消費されるタコのうち、およそ7割はモーリタニア、モロッコなど西アフリカからの輸入ものだ。その輸入タコのおよそ4割はたこ焼き店に回っているというから、アフリカ産タコの減少は店にとって大打撃となる。

2017年の夏まで、日本全国のスーパーマーケットでのタコの100グラムあたりの値段は、平均して260円から280円のあいだで動いていた。それが2017年秋以降、タコの価格は上昇をつづけ、2019年夏には360円を超えた。西アフリカでのタコ漁獲が減ったからだ。

ただ、その後、タコ価格はいったん下がり、2020年夏には320円程度になった。国産タコが豊漁(ほうりょう)だったからだが、その豊漁も終わると、タコの価格はまたもや上がる。2022年1月には400円にも迫っているから、安いころの1・5倍にも高騰しているのだ。

今後、タコの値段が下がる保証はない。モーリタニアやモロッコのタコが乱獲によって減ったとすれば、タコの資源回復には時間がかかる。モーリタニアも乱獲を抑え、コントロールしようとしてきたが、歯止めが利(き)かなかった面もある。

しかも、モーリタニアのタコについては、先行き不透明な要素がある。モーリタニアに深く食いこんでいた中国が、モーリタニアのタコ漁の権利を独占してしまったからだ。

もともと、モーリタニアにタコ漁を広めたのは日本人である。モーリタニアにはさしたる産業もないうえ、モーリタニア人はタコを食べない。いっぽう、日本人はタコを必要としている。そこから日本人は蛸壺（たこつぼ）を使ったタコ漁をモーリタニア人に教え、タコ漁によって生計を立ててもらうようにもした。

以後、モーリタニアのタコ漁は順調だったのだが、モーリタニア政府はインフラ建設のために中国から多額な借金を背負ってしまう。借金のカタに、モーリタニアはタコ漁の権利を中国に奪われたのだ。

中国人は、もともとタコを食べない。にもかかわらず、モーリタニアにおけるタコ漁の権利を握ったのは、ひとつには国内需要が生まれはじめてきたからだろう。中国人は日本旅行時にたこ焼きの味を覚え、うまさを知ったようだ。現在、中国にもたこ焼き店が登場しはじめている。

さらに、中国は最大のタコ市場である日本を相手に、ひと儲けを考えているといっていい。日本の足元を見ながら、モーリタニア産のタコを高値で売ることも考えているだろう。

中国側に翻弄されるなら、タコの価格は下がりにくくなる。台湾や尖閣諸島問題で、日中対立が表面化するなら、中国は日本にモーリタニア産タコを売らないという経済制裁を行なうことさえ考えられるのだ。

さらに、タコを求めているのは日本だけではない。確かに日本人は世界のタコのおよそ3分の2近くを胃袋に収めているが、南ヨーロッパ諸国にもタコを食べる習慣がある。ヨーロッパでのタコ需要も高まっているので、これまたタコ価格を押し上げているのだ。

モーリタニアやモロッコのタコに期待できなくなったとき、新たなタコ漁獲地を探すしかないが、コロナ禍で人の移動が難しい時代、日本人が外国まで出向いて海を調査し、現地の住民にタコ漁をイチから教えるには時間がかかる。

こうして輸入タコにあまり期待できないとなると、国産タコに頼るしかない。となると、たこ焼きは安い食べ物ではなくなるのだ。

◉左記の文献・情報等を参考にさせていただきました――

『フードテック革命』田中宏隆、岡田亜希子、瀬川明秀著、外村仁監修（日経ＢＰ）／『最新版 図解 知識ゼロからの現代漁業入門』濱田武士（家の光協会）／『日本の漁業が崩壊する本当の理由』片野歩（ウェッジ）／『日本人が知らない漁業の大問題』佐野雅昭（新潮社）／『スタバではグランデを買え！』吉本佳生（筑摩書房）／『スーパーで買っていい食品 買ってはダメな食品』河岸宏和（さくら舎）／『開業から3年以内に8割が潰れるラーメン屋を失敗を重ねながら10年も続けてきたプロレスラーが伝える「してはいけない」逆説ビジネス学』川田利明／『オープンから24年目を迎える人気ステーキ店が味わった デスマッチよりも危険な飲食店経営の真実』松永光弘（以上、ワニブックス）／『飲食業界 成功する店 失敗する店』重野和稔（すばる舎）／『絶対にやってはいけない飲食店の法則25』須田光彦（フォレスト出版）／『儲けが生まれる値段のカラクリ』（アントレックス）／『別冊宝島1316 食品のカラクリ 驚異のフードマジック そうだったのかこの食べ物！』『別冊宝島1352 食品のカラクリ2 「肉」のヒミツ』『別冊宝島1376 食品のカラクリ3 レストランの秘密』『別冊宝島1483 食品のカラクリ7 「魚」のヒミツ』／『回転寿司でエビを食べる奴はバカ！お店がバラせない「儲け」の秘密』坂口孝則監修（以上、宝島社）／『知らないとソンする！価格と儲けのカラクリ』神樹兵輔・21世紀ビジョンの会（高橋書店）／『図解！お客には言えない儲けのカラクリ』洞口勝人監修（永岡書店）／『お客に言えないまさかのウラ事情』『お客に言えない食べ物の裏話大全』㊙情報取材班／『そんな仕組みがあったのか！「儲け」のネタ大全』岩波貴士（以上、青春出版社）／『リアルワインガイド』（リアルワインガイド）／『東洋経済オンライン』／『朝日新聞デジタル』／『ＮＩＫＫＥＩ ＳＴＹＬＥ』ほか

KAWADE
夢文庫

生ビール30分500円で飲み放題！が儲かるわけ

二〇二二年五月三〇日　初版発行

著　者……現代ビジネス研究班［編］
企画・編集……夢の設計社
東京都新宿区山吹町二六一〒162-0801
☎〇三―三二六七―七八五一（編集）
発行者……小野寺優
発行所……河出書房新社
東京都渋谷区千駄ヶ谷二―三二―二〒151-0051
☎〇三―三四〇四―一二〇一（営業）
https://www.kawade.co.jp/
装　幀……こやまたかこ
印刷・製本……中央精版印刷株式会社
DTP……株式会社翔美アート
Printed in Japan ISBN978-4-309-48586-7